Situation and
Policy

形势与政策

（2018 年秋）

主　编　徐晨超

副主编　金永淼　沈　航

编　委　吕红雁　杨佳盈　闫振伟　徐晨超　徐思嘉

　　　　屠丹丹　苏美岩　王青花　章钢钱　许敏燕

ZHEJIANG UNIVERSITY PRESS
浙江大学出版社

图书在版编目(CIP)数据

形势与政策 / 徐晨超主编. —杭州：浙江大学出
版社,2018.9

ISBN 978-7-308-18617-9

Ⅰ.①形… Ⅱ.①徐… Ⅲ.①时事政策教育－高等职
业教育－教材 Ⅳ.①G641.41

中国版本图书馆 CIP 数据核字(2018)第 207963 号

形势与政策

徐晨超 主编

责任编辑	朱　辉	
封面设计	春天书装	
责任校对	杨利军　董齐琪　张培洁	
出版发行	浙江大学出版社	
	(杭州天目山路 148 号　邮政编码 310007)	
	(E-mail：zupress@mail.hz.zj.cn)	
	(网址：http://www.zjupress.com)	
排　　版	杭州隆盛图文制作有限公司	
印　　刷	浙江新华数码印务有限公司	
开　　本	787mm×1092mm　1/16	
印　　张	8.75	
字　　数	176 千	
版 印 次	2018 年 9 月第 1 版　2018 年 9 月第 1 次印刷	
书　　号	ISBN 978-7-308-18617-9	
定　　价	25.00 元	

前 言 ....≫ ≫ ≫ ≫

　　形势与政策课是理论武装时效性、释疑解惑针对性、教育引导综合性都很强的一门高校思想政治理论课,是帮助大学生正确认识新时代国内外形势,深刻领会党的十八大以来党和国家事业取得的历史性成就、发生的历史性变革、面临的历史性机遇和挑战的核心课程,是第一时间推动党的理论创新成果进教材进课堂进学生头脑,引导大学生准确理解党的基本理论、基本路线、基本方略的重要渠道。

　　2018 年是党的十九大召开后,我国迈向全面建成小康社会,继而实现中华民族伟大复兴这一伟大进程中承前启后的一年。为进一步贯彻落实党的十九大以及十九大之后三次中央全会精神,学习领会好习近平新时代中国特色社会主义思想,发掘拓展高校形势与政策教学的深度与力度,我们结合国内外时事热点,组织一线教师编写了这本《形势与政策》。

　　本书紧紧围绕学习贯彻习近平新时代中国特色社会主义思想,把坚定"四个自信"贯穿教学全过程,重点讲授党的理论创新最新成果,以及新时代坚持和发展中国特色社会主义的生动实践,引导学生正确认识世界和中国发展大势,正确认识中国特色和国际比较,正确认识时代责任和历史使命,正确认识远大抱负和实干兴邦。在全面依法治国、全面从严治党方面,本书重点解读在 2018 年两会期间进行的修改宪法和监察立法,宣讲党中央科学立法、完善公权力监督的重大举措;在弘扬开拓浙江精神方面,结合本土实际,重点解读在"八八战略"指引下"干在实处、走在前列、勇立潮头"的浙商实干创新精神;在我国经济社会发展方面,聚焦民生经济,尤其对近期青年人关注的网络舆论、文化潮流作出正面回应与释读;在分析国际形势与热点方面,重点讲授中美贸易战、博鳌亚洲论坛等时事热点,宣扬传递中国坚持和平发展道路、推动构建人类命运共同体的新贡献和正能量。在总体布局上,尽量做到按形势发展要求和学生特点有针对性地设置教学内容,及时回应学生关注的热点问题。

　　本书是浙江工业职业技术学院思想政治教学团队集体智慧的结晶,由徐晨超担任主编,金永淼、沈航担任副主编,吕红雁、杨佳盈、闫振伟、徐晨超、徐思嘉、屠丹丹、苏美岩、王青花、章钢钱、许敏燕担任编委。吕红雁、屠丹丹、王青花、许敏燕分别编写本书的第1、4、5、7讲,杨佳盈与徐晨超、徐思嘉与闫振伟、章钢钱与苏美岩分别编写本书的第2、3、6讲。全书由徐晨超负责大纲拟定、统稿及定稿工作。

　　在编写过程中,我们参阅了多位学者的研究成果,篇幅所限,不能一一致谢,敬请诸位方家谅解海涵。尽管本书两度易稿,做了较大幅度的删减与调整,囿于编者水平,不足之处在所难免,仓促成文,不当之处,尚祈专家读者批评指正。

《形势与政策》编写组

2018 年 5 月

CONTENTS
目 录 ·············· ❯❯❯ ❯

第 1 讲

维护宪法权威　担当新时代使命

1. 修改宪法的重大意义

2. 监察委员会设立的必要性与意义

3. 自觉维护宪法权威

春暖花开日，一年两会时。2018年3月3日至15日、3月5日至20日，全国政协十三届一次会议和十三届全国人大一次会议先后在北京召开。今年的两会格外引人瞩目，而且成果斐然：制定国家发展规划、修改宪法、领导人换届选举、深化改革开放、推动经济高质量发展、监察法立法。特别是修改宪法和监察立法，是党中央科学立法、完善公权力监督的重大举措。

一、修改宪法的重大意义

（一）与时俱进修宪

古希腊政治学家亚里士多德在《政治学》中指出："法治应包括两重意义：已成立的

法律获得普遍的服从,而大家所服从的法律又应该本身是制定得良好的法律。"常言也说"良法善治"。可见,"良法"是法治的首要条件。

宪法是国家根本大法,是治国安邦的总章程,具有最高的法律地位、法律权威、法律效力。什么是良好的宪法?与时俱进是必要条件。法与时转则治,治与世宜则有功。宪法只有不断适应新形势,才具有持久生命力。

我国宪法一直随着实践发展而不断完善发展。从1954年我国第一部宪法诞生至今,我国宪法一直处在探索实践和不断完善的过程中。此次修改的宪法自1982年公布施行后,曾分别于1988年、1993年、1999年、2004年进行了4次修改。从家庭联产承包责任制的确立,到保护合法的私有财产权、尊重和保障人权的写入;从把建设有中国特色社会主义的理论写进宪法,到把邓小平理论、"三个代表"重要思想确立为国家的指导思想……每一次修宪,都处在历史的某个转折点上。与时代同步,把人民的呼声不断化为党的意志,进而上升为国家意志,这是我国宪法发展的一个显著特点,也是一条基本规律。

自2004年第四次修改宪法以来,党和国家事业又有了许多重要发展变化。特别是党的十八大以来,以习近平同志为核心的党中央团结带领全党全国各族人民,毫不动摇地坚持和发展中国特色社会主义,推动党和国家事业取得历史性成就、发生历史性变革。2017年10月,党的十九大在新的历史起点上对新时代坚持和发展中国特色社会主义作出重大战略部署,提出了一系列重大政治论断,确立了习近平新时代中国特色社会主义思想在全党的指导地位,确定了新的奋斗目标,对党和国家事业发展具有重大指导和引领意义。

新的伟大成就和宝贵经验需要由宪法及时确认。为全面贯彻党的十九大精神、更好地发挥宪法在新时代坚持和发展中国特色社会主义中的重大作用,需要对宪法作出适当修改,把党和人民在实践中取得的重大理论创新、实践创新、制度创新成果上升为宪法规定。

修宪符合宪法发展的基本规律。天下大治,起于法治。维护宪法权威和总体稳定是国家长治久安的基本前提。在保持宪法连续性、稳定性、权威性的基础上,积极推动宪法与时俱进、完善发展,这是中国特色社会主义法治建设进程的基本经验和基本规律。回顾过去我国宪法制度的发展历程,我国宪法同党和人民进行的艰苦奋斗和创造的卓越成就紧密相连,同党和人民开辟的前进道路和积累的宝贵经验紧密相连。适时推动宪法与时俱进、完善发展,已经成为坚持中国特色社会主义法治道路前进的内驱动力,是我们伟大事业成功和民族复兴实现的重要法治保障。

修宪顺应新时代发展要求。"观时而制法,因事而制礼。"宪法只有不断适应新形势、吸纳新经验、展现新要求,才能历久弥新、生生不息。党的十九大正式确立了中国发展的新方位、新起点、新背景。此次审议通过的宪法修正案,达到 21 条之多,体现了我们积极适应新时代发展的迫切要求。宪法修正案的正式通过,体现了党和国家事业发展的新成果、新经验、新思路,是中国共产党、中国政府和中国人民基于时代发展要求作出的最新努力,是国家发展和事业铸就迈出的重要步伐,必将在法治中国的正确轨道上谱写国家治理的新篇章。

修宪筑牢国家治理新基石。"立善法于天下,则天下治;立善法于一国,则一国治。"习近平总书记指出:"宪法的生命在于实施,宪法的权威也在于实施。"①宪法是党和人民共同意志的体现,捍卫和维护宪法权威就是保障党和人民的根本利益。修改宪法,是为了更好地促进宪法在新时代背景下的科学实施,更好地保障人民群众的根本利益,更好地体现中国特色社会主义制度的优势。推进宪法的全面贯彻和实施,是中国共产党带领中国人民坚持走中国特色社会主义法治道路的必然选择和必由之路。

(二)科学修宪

作为国之根本、法之源泉,宪法修改关系全局,影响广泛而深远。宪法修改要贯彻科学立法、民主立法、依法立法的要求,注重从政治上、大局上、战略上分析问题,注重从宪法发展的客观规律和内在要求上思考问题,切实维护宪法权威性,真正实现宪法目的,彰显宪法价值。修改宪法,既要按照严格程序,更要反映人民意志,此次修宪充分体现了科学精神。

1. 依法按程序修宪

修改宪法,是事关全局的重大政治活动和重大立法活动,必须在党中央集中统一领导下进行,确保修宪工作的正确政治方向。党中央对这次宪法修改非常重视,准备充分、组织严密,严格依法按程序进行。

修宪必经三道程序:党内程序、人大程序、人民参与程序。从 2017 年 9 月中央政治局会议决定启动宪法修改工作开始,党中央发出征求对修改宪法部分内容意见的通知,请各地区各部门各方面在精心组织讨论、广泛听取意见的基础上提出宪法修改建议。118 份书面报告、党外人士座谈会凝结成 2639 条修改意见,推动形成中央修宪建议草案稿。随后,该草案再在党内党外、上下反复征求修改意见,最终形成中共中央的建议。2018 年 1 月 18 日至 19 日,中共十九届二中全会在北京举行,专门讨论宪法修改问题,审议通过了《中共中央关于修改宪法部分内容的建议》。2018 年 1 月 26 日,中共中央向全国人大常委会提出《中国共产党中央委员会关于修改宪法部分内容的建议》。随后,

---

① 《习近平在纪念现行宪法公布施行 30 周年大会上的讲话》,http://www.gov.cn/ldhd/2012-12/04/content_2282522.htm。

经十二届全国人大常委会第三十二次会议审议和表决,决定将宪法修正案(草案)提请十三届全国人大一次会议审议。整个过程体现了四个坚持,即坚持党对宪法修改的领导,坚持严格依法按程序推进宪法修改,坚持充分发扬民主、广泛凝聚共识,坚持对宪法作部分修改、不作大改。

2.依照人民意志修宪

"政之所兴在顺民心。"宪法作为法之统师、法律之母,是党和人民意志的集中体现。宪法修改广察民情、广纳民意、广聚民智,充分体现了人民意愿,得到了人民拥护。通过修改宪法的方式,把党的主张和人民的意愿及时转化为宪法规定,可以更好发挥宪法的规范、引领、推动、保障作用,为实现"两个一百年"奋斗目标和中华民族伟大复兴的中国梦提供有力宪法保障。

中央关于修改宪法部分内容的建议,共 21 条,充分反映了全党全国各族人民的共同意愿、党的主张和人民意志的高度统一;同时,此次修宪坚持部分修改、不作大改,既顺应党和人民事业发展要求,又遵循宪法法律发展规律。

把习近平新时代中国特色社会主义思想写入宪法,是一大亮点。一个民族的创造力、凝聚力、战斗力有赖于思想上的团结统一,一个国家要实现现代化必须以科学的理论为行动指南。指导思想如同氧气,须臾不可缺少。习近平新时代中国特色社会主义思想是马克思主义中国化的最新成果,是党和人民实践经验和集体智慧的结晶,是全党全军全国各族人民为实现中国梦强军梦而奋斗的行动指南。党的十九大通过的党章修正案,以党内根本法的形式确立了习近平新时代中国特色社会主义思想为全党的指导思想,实现了党的指导思想与时俱进。将习近平新时代中国特色社会主义思想载入宪法,则充分反映了全党全国各族人民的共同意愿,是历史的选择、人民的选择,对于巩固全党全国各族人民为实现中华民族伟大复兴而奋斗的共同思想基础,具有重大的现实意义和深远的历史意义。

强调中国共产党领导是中国特色社会主义最本质的特征,分量很重。党是最高政治领导力量,宪法有必要将坚持党的领导从具体制度层面上升到国家根本制度层面,使之具有更强的制度约束力和更高的法律效力,推动党的领导通过社会主义制度的执行有效落实到国家治理的各个领域、各个环节、各个方面。中国特色社会主义最本质的特征是中国共产党领导,中国特色社会主义制度最大的优势是中国共产党领导,这是习近平新时代中国特色社会主义思想的重要论断,是历史事实和现实写照,此次修宪将其充实进宪法总纲第一条第二款,与宪法对我国国体的规定内在统一起来,是共产党执政规律和社会主义建设规律的体现。宪法中体现加强党的领导,对于国家沿着中国特色社会主义道路奋勇前进,具有重要作用。

完善国家主席任期任职制度,意义重大。中国共产党、中华人民共和国、中国人民解放军领导人"三位一体"的领导体制,是我们党在长期执政实践中逐步探索出的治国理政的成功经验。在国家主席任职规定上作出修改,很有必要,有利于使"三位一体"领导体制在宪法上得以统一,是中国特色社会主义政治优势和制度优势的重要体现。完善国家主席任期任职制度,有助于进一步完善党和国家领导体制,有利于坚持和加强党的全面领导,有利于坚持和维护党中央权威和集中统一领导。

 拓展阅读

修宪,让人民意志更好体现

3月7日,出席全国两会的代表委员审议、讨论宪法修正案草案。代表委员从切身实际出发,普遍认为此次宪法修改广察民情、广纳民意、广聚民智,实现了党的主张、国家意志和人民意愿的高度统一,是党和人民意志的集中体现。

"举一纲而万目张,解一卷而众篇明。"宪法是人民的宪法,充分体现人民共同意志、充分保障人民民主权利、充分维护人民根本利益。1954年,新中国第一部宪法的制定,就受到人民群众的广泛支持和积极参与。此次宪法修正案草案的制定,也同样征求各方面意见建议,精心组织讨论、广泛听取意见、充分发扬民主,贯彻了以人民为中心的原则要求,集中反映了全国各族人民的智慧和愿望,广泛凝聚了社会各界的共识,明确了全党全国人民为实现中华民族伟大复兴而奋斗的思想基础,体现了社会主义民主政治的特点。

从历次修改宪法的过程来看,人民的根本利益都是修宪的出发点和落脚点。自2004年宪法修改以来,党和国家事业又有了许多重要发展,人民的生活发生了翻天覆地的变化。特别是党的十八大以来,形成一系列治国理政新理念新思想新战略,取得历史性成就、发生历史性变革,中国特色社会主义进入了新时代。站在新的历史方位,党和人民的事业发展呈现出新特点。比如,全面从严治党一直在路上,监察体制该如何进一步改革发展?再比如,生态文明建设深入人心,怎样才能保护好我们的绿水青山?解答这些问题,就要在总体保持我国宪法连续性、稳定性、权威性的基础上,把党和人民在实践中取得的重大理论创新、实践创新、制度创新成果通过国家根本法确认下来,使之成为全国各族人民的共同遵循,成为国家各项事业、各方面工作的活动准则。这是党和人民进行艰苦奋斗和创造辉煌成就的体现,也是党和人民开辟前进道路和积累宝贵经验的必然要求。

"修宪,修到大家的心里面。"在两会会场内外,代表委员的心声凝聚了亿万人民的广泛共识。正如有网友所言,宪法是各民族大团结之根本,是新时代前进的大方向,是夯实强国、强军、强盛民族之基础,是伟大祖国复兴之保障。从这个意义上来说,对宪法进行适当调整,适应了新时代发展的新要求,满足了人民新形势下的新期许,符合社会

发展的客观现实,遵循宪法发展的基本规律,是大势所趋、民心所向。

资料来源:人民网评:修宪,让人民意志更好体现.(2018-03-09)[2018-04-09]. http://opinion.people.com.cn/n1/2018/0309/c1003-29858701.html.

(三)宪法修改的重大意义

我国各项现代化建设事业的发展与宪法的关系是密不可分的。现行宪法是全国人大于1982年根据党的十一届三中全会确立的路线方针政策,总结社会主义建设正反两方面经验,吸取"文化大革命"的沉痛教训,适应改革开放和社会主义现代化建设、加强社会主义民主法制建设的新要求而制定的。宪法修改是宪法发展的主要方式之一。2018年3月11日十三届全国人大一次会议表决通过的《中华人民共和国宪法修正案》,深刻反映了党和国家事业发展的新成就新经验新要求,具有重大的现实意义。

修改宪法关系到中国特色社会主义建设事业发展的全局。党的十八大以来,以习近平同志为核心的党中央顺应时代发展,集中全党智慧,坚持以马克思列宁主义、毛泽东思想、邓小平理论、"三个代表"重要思想、科学发展观为指导,大力推动理论创新,创立了习近平新时代中国特色社会主义思想,开辟了马克思主义中国化的新境界。在中国共产党的领导下,全国各族人民共同推动中国特色社会主义建设迈进了新时代。新时代中国特色社会主义思想是解放思想、实事求是、与时俱进、求真务实,坚持辩证唯物主义和历史唯物主义,紧扣新时代的实践要求的重大思想成果,是对马克思列宁主义、毛泽东思想、邓小平理论、"三个代表"重要思想、科学发展观的继承和发展。"习近平新时代中国特色社会主义思想"载入宪法,充分反映了全党全国各族人民的共同意愿,体现了党的主张和人民意志的高度统一,对于巩固全党全国各族人民为实现中华民族伟大复兴而奋斗的共同思想基础,夺取新时代中国特色社会主义伟大胜利,具有重大的现实意义和深远的历史意义。

修改宪法有助于全面推进依法治国。全面贯彻实施宪法是建设社会主义法治国家的基础性工作。探索中国的法治发展道路,我们既要借鉴人类文明优秀成果,又要立足于中国实际,坚持党的领导、依法治国、人民当家作主有机统一,坚持以宪法的"人民立场"为指引。党的十八大以来,中国有针对性地既解决了一系列重大法治理论问题,又破解了一系列重大法治实践难题。中国特色社会主义法治道路的开辟,是中国法治建设成就和经验的凝结。实践证明,中国的法治建设没有也不可能照搬西方的法治理念和模式,中国特色社会主义法治道路是中国进行法治建设唯一正确的道路,坚持中国特色社会主义法治道路是关系依法治国全局、关系社会主义建设全局的关键。中国特色社会主义法治道路,要坚持依法治国、依法执政、依法行政"三位一体"推进,坚持依法治国首先就是依宪治国。这是党顺应经济社会发展新形势,全面推进依法治国的主动选择,开启了以法治方式塑造国家、政府和社会关系的新篇章。

修改宪法有利于推进国家治理体系和治理能力现代化。这次修宪把党和人民对社会主义现代化发展规律的科学认识融入以宪法为核心的中国特色社会主义法律体系中,确认了宪法法律在国家各领域建设中的推动和保障作用,有利于引领全党全国人民把握规律,在新时代不断开创国家各项事业发展新局面。宪法第二十四条增写了国家倡导社会主义核心价值观的内容,国家治理体系现代化以社会主义核心价值观为指导,国家治理体系现代化内含社会主义核心价值观的要求,国家治理体系现代化与社会主义核心价值观目标相一致。宪法修改有利于更有力地加强宪法实施和监督,把宪法提升到新的高度,更好地发挥宪法在加快实现国家治理体系和治理能力现代化中的根本法作用。

修改宪法有利于继续深化改革开放。改革开放以来,尤其是依法治国方略确立以来,随着法治建设的深入推进,"宪法与国家前途、人民命运息息相关"成为全党全国人民的共识。党的十八届四中全会明确了全面推进依法治国的总目标,即建设中国特色社会主义法治体系,建设社会主义法治国家,指出"坚持依法治国首先要坚持依宪治国,坚持依法执政首先要坚持依宪执政"。党的十九大报告进一步强调"加强宪法实施和监督,推进合宪性审查工作,维护宪法权威"。40 年的辉煌历程之后,改革开放仍然是中国的战略选择。中国特色社会主义进入了新时代,改革开放走到了新的历史关头。中国坚定不移全面深化改革的决心,通过修改宪法的形式得到了确认。宪法修改紧扣全面依法治国与"五位一体"总体布局的契合点,体现了立法与改革的相得益彰,有利于形成更高层次的改革开放新格局。宪法修改强调坚持党的领导,确保党始终总揽全局、协调各方。党的领导始终是改革开放推进的有力保障。

二、监察委员会设立的必要性与意义

宪法是国家根本法,是国家各种制度和法律法规的总依据。此次宪法修改建议中,用一节对监察委员会作出规定,确立监察委员会作为国家机构的法律地位,充分彰显了监察委员会在国家治理体系中的重要作用,也为深化国家监察体制改革、保证国家监察委员会履职尽责提供了根本遵循。

(一)设立监察委员会的必要性

成立国家监察委员会,是深入贯彻落实党的十九大精神的重大举措。党的十九大报告对深化国家监察体制改革作出战略部署,要求"组建国家、省、市、县监察委员会,同党的纪律检查机关合署办公"。按照党中央确定的时间表和路线图，在总结北京、山西、浙江改革试点工作经验的基础上，各级党委和纪委全面推开国家监察体制改革试点，完成省、市、县三级监察委员会的组建，为国家监察委员会的成立探索积累了经验。十三届全国人大一次会议通过宪法修正案和监察法，产生中华人民共和国国家监察委员会及其领导人员，标志着中国特色国家监察体制已经形成。

成立国家监察委员会，是从我国历史传统和现实国情出发加强对公权力监督的重大改革创新，体现了中国特色社会主义道路自信、理论自信、制度自信、文化自信。我国自秦朝开始就建立御史制度，经过两千多年发展，形成了一套自上而下的独立于行政和司法之外的监察体系。深化国家监察体制改革，在国家机构中设立监察机关，代表党和国家对所有行使公权力的公职人员进行监察，是在汲取中华民族历史文化智慧、总结管党治党和治国理政经验基础上提出的重大举措，体现了中华民族优秀传统文化，是对中国特色社会主义监督制度的丰富发展，是对权力制约体制的新探索，具有鲜明的时代特色和中国特色。

成立国家监察委员会，有利于健全党和国家监督体系，确保党和国家长治久安。探索党长期执政条件下自我监督的有效途径，关乎党自身的兴衰成败和国家民族的前途命运。党的十八大以来，党内监督得到有效加强，监督对象覆盖了所有党组织和党员。这就要求适应形势发展构建国家监察体系，对党内监督覆盖不到或者不适用于执行党的纪律的行使公权力的公职人员依法实施监察。整合行政监察、预防腐败和检察机关查处贪污贿赂、失职渎职及预防职务犯罪等工作力量，组建国家、省、市、县监察委员会，同党的纪律检查机关合署办公，对党中央、地方党委全面负责，可以使监察对象由"狭义政府"转变为"广义政府"，补齐行政监察范围过窄的"空白"，有效解决反腐败力量分散、纪法衔接不畅等问题，健全党领导反腐败工作的体制机制，真正把权力关进制度笼子，确保党和人民赋予的权力用来为人民谋利益。

（二）国家监察立法充分体现法治原则

国家监察体制改革是事关全局的重大政治体制改革，是强化党和国家自我监督的重大决策部署。制定国家监察法，依法赋予监察委员会职责权限和调查手段，是确保国家监察体制改革在法治轨道上运行、实现反腐败工作制度化的关键举措。此次国家监察立法，从积累试点经验到形成监察法草案，再经过公开征求意见、不断完善草案，整个立法过程充分体现了社会主义法治原则。

立法依据明确。推动新时代改革发展进程，应努力做到改革与法治两翼齐飞，以立法引领和推动各领域改革。党的十八大以来，我们坚持重大改革于法有据，立法主动适应改革和经济社会发展需要，制定国家监察法就是贯彻这一要求的具体体现。制定国家监察法,设立国家监察委员会,是为了保障国家监察体制改革这项事关全局的重大政治体制改革具备合法性、正当性,在法治框架下推进,在优化权力配置、构建和完善监督模式的同时,实现国家监察权的法治化、规范化、制度化。这体现了贯彻实施宪法、维护宪法法律权威的要求,增强了法律对国家监察体制改革的引领和规范作用。

着力规范监察措施。从监察实践看,授权监察机关采取查询、勘验、扣押、查封等监察措施是很有必要的。监察法草案在赋予监察委员会职责权限和调查手段的基础上,严格规范监察措施,完善与检察机关的衔接程序,加强对监察机关和监察人员的监督。比如,在地方试点中,各地按照全国人大常委会授权采用留置的方式进行调查,留置措施的审批权限、方式、期限、程序、地点、救济等都将进一步由立法详细规定。监察机关必须依照监察法的规定行使监督、调查和处置等权力,不得任意采取扣押、冻结、留置等措施,体现了监察措施规范化要求。

注重维护合法权利。法治建设以保障人民根本权益为出发点和落脚点。在监察实践中,被监察对象的合法权利应得到法律保障;在监督调查时,被监察人员有权进行辩解并得到依法处理。监察法草案二审稿回应各方关切,完善了多项保护被监察对象权利的规定。比如,留置场所的设置和管理依照国家有关规定执行;监察机关应当保障被留置人员的饮食、休息和安全,提供医疗服务;冻结的财产经查明与案件无关的,应当在三日内解除冻结,予以退还;监察机关经过调查,对没有证据证明存在违法犯罪行为的,应当撤销案件;等等。这些规定充分体现了尊重和保障人权的要求。

强化监察监督。对于监察机关自身,也必须加强监督。一方面,坚持"打铁必须自身硬",不断完善监察机关自我监督。比如,监察机关通过设立内部专门监督机构等方式,加强对监察人员执行职务和遵守法律情况的监督。另一方面,发挥好人大、司法机关以及审计机关的监督作用,形成全方位的外部监督制度体系。比如,监察法草案二审稿明确规定,各级人民代表大会常务委员会听取和审议本级监察机关的专项工作报告,根据需要可以组织执法检查,这明确了人民代表大会的监督手段。此外,推动监察工作进一步公开,也可以形成更有效的舆论监督和社会监督。

国家监察法的实质是反腐败国家立法,监察委员会实质就是国家反腐败工作机构。制定充分体现社会主义法治原则要求的监察法,并在实践中不断完善,必将从组织和制度上巩固反腐败斗争的成果,推动反腐败斗争取得压倒性胜利。

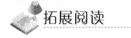 **拓展阅读**

理解好这 7 个关键点,你就读懂了监察法

3 月 20 日,备受关注的《中华人民共和国监察法》由十三届全国人大一次会议第八

次全体会议表决通过。这部对国家监察工作起统领性和基础性作用的法律庄严面世，开启了国家反腐败立法大踏步向前的新征程，必将在新时代全面从严治党、反腐败斗争的伟大实践中激荡起巨大回响。

监察法的诞生经历了哪些不平凡的过程？这部法律有哪些地方值得特别关注？将会产生怎样深远而重大的意义？我们梳理了7个关键点，带你读懂监察法。

坚持党的领导

"坚持中国共产党对国家监察工作的领导""以习近平新时代中国特色社会主义思想为指导"明确写入总则

监察法第一章总则第二条即明确了指导思想："坚持中国共产党对国家监察工作的领导，以马克思列宁主义、毛泽东思想、邓小平理论、'三个代表'重要思想、科学发展观、习近平新时代中国特色社会主义思想为指导，构建集中统一、权威高效的中国特色国家监察体制。"

"监察法开宗明义，明确中国共产党对国家监察工作的领导。"中央纪委法规室主任马森述指出，把党对反腐败工作的集中统一领导机制，用国家法律固定下来，有利于把党风廉政建设和反腐败斗争的领导权牢牢掌握在党的手中，充分发挥党的领导核心作用，为夺取反腐败斗争压倒性胜利提供法治保障。

事实上，监察法无论是立法过程还是法律实施，都离不开党中央的坚强有力领导和高度重视。习近平总书记在党的十八届六中全会和十八届中央纪委五次、六次、七次全会上均对监察立法工作提出明确要求。中央政治局会议、中央政治局常务委员会会议和中央全面深化改革领导小组会议多次专题研究深化国家监察体制改革、国家监察相关立法问题，确定了制定监察法的指导思想、基本原则和主要内容，明确了国家监察立法工作的方向和时间表、路线图。党的十九大明确提出："制定国家监察法，依法赋予监察委员会职责权限和调查手段，用留置取代'两规'措施。"十九届中央纪委二次全会强调，要全面推进国家监察体制改革，构建党统一指挥、全面覆盖、权威高效的监督体系。

"制定监察法是坚持和加强党对反腐败工作集中统一领导的必然要求，这真不是一句空话。"全国人大常委会法工委国家法室主任武增指出，"制定监察法，就是要贯彻落实党中央关于深化国家监察体制改革决策部署，使党的主张通过法定程序成为国家意志。"

中国共产党领导是中国特色社会主义最本质的特征，是中国特色社会主义制度的最大优势。党的领导体现在监察法的立法全过程，反过来，监察法的实施也必然体现和加强党的全面领导。

监察法明确"各级监察委员会是行使国家监察职能的专责机关"，从而与党章中的"党的各级纪律检查委员会是党内监督专责机关"相呼应，监察委员会与党的纪律检查委员会合署办公,构建起党统一指挥、全面覆盖、权威高效的监督体系,走出了一条中国特色的监察道路。

科学立法、民主立法、依法立法

监察法于宪有源,在坚持正确方向的基础上不断走向成熟

3月11日,十三届全国人大一次会议审议通过宪法修正案,对现行宪法作出21条修改,其中11条同设立监察委员会有关,明确规定"监察委员会依照法律规定独立行使监察权"。

宪法是国家各种制度和法律法规的总依据。在本次人民代表大会上,先通过宪法修正案,然后再审议监察法草案,及时将宪法修改所确立的监察制度进一步具体化,是我们党依宪执政、依宪治国的生动实践和鲜明写照。

"确立监察委员会宪法地位,体现了党的主张和人民意志,为深化国家监察体制改革、制定监察法提供了法治保障。"中央纪委法规室有关同志表示,"监察法在立法过程中坚持与宪法修改保持一致,相关内容及表述均与本次宪法修改关于监察委员会的各项规定相衔接、相统一。表决通过宪法修正案,根据宪法制定监察法,使监察法于宪有据、于宪有源。"

监察法立法的另一大亮点是广泛征求意见,科学民主立法。"监察法从最初的酝酿到诞生,吸收了社会各界的意见,在坚持正确方向的基础上不断走向成熟。"据全国人大常委会法工委刑法室副主任李寿伟介绍,2017年11月,监察法草案向社会公开征求意见后,一个多月的时间里,收到了来自于3771人的13268条意见。

对比此前的征求意见稿,诸多细节之处的修改充分反映出监察法在立法过程中吸收了很多有益的意见建议。比如,删除征求意见稿中"各级人大常委会可以听取和审议本级监察机关的专项工作报告"的"可以"二字。

"早在2016年10月,就组建国家监察立法工作专班,充分吸收改革试点地区实践经验,听取专家学者建议,经反复完善,形成监察法草案;全国人大常委会两次审议草案内容;向社会公开征求意见;根据党的十九大精神,对草案进行完善;根据宪法修正案提请本次大会审议。"全国人大代表、江苏省民政厅厅长侯学元梳理立法过程后表示,"整个过程严谨科学,可谓步步衔接、环环紧扣,完全符合法律规定。"

监察全覆盖

从行政监察法到监察法,监督对象扩至所有行使公权力的公职人员

按照党中央部署要求,监察法立法工作由中央纪委牵头抓总,在最初研究深化国家监察体制改革方案的时候即着手考虑将行政监察法修改为国家监察法的问题。

党的十八大以来,党内监督得到有效加强,监督对象覆盖了所有党组织和党员。但依照行政监察法的规定,行政监察对象主要是行政机关及其工作人员,还没有做到对所

有行使公权力的公职人员全覆盖。

"在过去,行政监察法规定的监察对象范围比较窄,像非党员的村干部、国有企业管理人员等相当一部分行使公权力的公职人员处于纪检监察机关监督不到的空白地带。"中央纪委法规室主任马森述介绍说。

监察法将行使公权力的公职人员统一纳入监察范围:中国共产党机关、人民代表大会及其常务委员会机关、人民政府、监察委员会、人民法院、人民检察院、中国人民政治协商会议各级委员会机关、民主党派机关和工商业联合会机关的公务员,以及参照《中华人民共和国公务员法》管理的人员;法律、法规授权或者受国家机关依法委托管理公共事务的组织中从事公务的人员;国有企业管理人员;公办的教育、科研、文化、医疗卫生、体育等单位中从事管理的人员;基层群众性自治组织中从事管理的人员;其他依法履行公职的人员。

上述监察范围使监察对象由"狭义政府"转变为"广义政府",补齐行政监察范围过窄的"空白",实现了监察全覆盖,体现了党内监督和国家监察的有机统一,真正把权力关进制度笼子,确保党和人民赋予的权力用来为人民谋利益。

立法与改革相衔接

监察法是对党的十八大以来反腐败特别是深化监察体制改革实践的经验总结

"为了深化国家监察体制改革,加强对所有行使公权力的公职人员的监督……制定本法。"监察法第一章"总则"第一条开篇即道出了监察法和监察体制改革之间密不可分的关系。

3月13日,第十二届全国人大常委会副委员长李建国在向第十三届全国人大一次会议作相关说明时表示:"制定监察法是深化国家监察体制改革的内在要求和重要环节。"

2016年11月,党中央决定在北京、山西、浙江三地先行开展监察体制改革试点工作。经过一年多的实践,监察体制改革在实践中迈出了坚实步伐,积累了可复制可推广的经验。根据党的十九大精神,在认真总结三省市试点工作经验的基础上,监察体制改革试点工作在全国有序推开。刚刚闭幕的十三届全国人大一次会议选举杨晓渡为中华人民共和国国家监察委员会主任。3月21日,十三届全国人大常委会第一次会议分别经表决,任命了国家监察委员会副主任、委员。此前,省、市、县监察委员会全部组建成立,并就监委的职责定位、领导体制、工作机制、权限手段、监督保障等方面作了积极深入的探索,取得丰硕成果,积累了宝贵经验。

"比如,此次监察法规定的12项调查措施,每一项都有深厚的实践基础。"中央纪委法规室有关同志指出,在前期实践中,试点地区按照能试尽试原则,在调查职务违法职务犯罪过程中充分运用12项调查措施,积累了很多有益经验,最终被提炼总结成法律规定,体现在监察法中。

习近平总书记强调,要坚持改革决策和立法决策相统一、相衔接,做到重大改革于法有据,使改革和法治同步推进。"法治的实现离不开改革推动,改革的深化也要求法治保障。"中央纪委研究室有关同志认为,扎实开展的监察体制改革试点工作为制定监察法提供了实践支撑,反过来,监察法也必将指引监察体制改革不断深化发展,构建起中国特色的监察体系。

既是程序法也是组织法

监察法规定了监察委员会的组织、职权,也规定了监察工作的具体程序

监察法在第二章"监察机关及其职责"中规定了监察机关的组织方式等,如"国家监察委员会由全国人民代表大会产生,负责全国监察工作""国家监察委员会由主任、副主任若干人、委员若干人组成,主任由全国人民代表大会选举,副主任、委员由国家监察委员会主任提请全国人民代表大会常务委员会任免""地方各级监察委员会由本级人民代表大会产生,负责本行政区域内的监察工作"等。

据了解,监察法是监察工作的组织法,专门规定了监察机关的性质、监察机关的定位、怎样选举产生主任、与其他司法立法执法机关的关系、对谁负责受谁监督等。这些内容都属于组织法的范畴。

同时,监察法通过一系列条文明确了监察机关的监察权限、监察程序等,比如"监察机关应当严格按照程序开展工作,建立问题线索处置、调查、审理各部门相互协调、相互制约的工作机制""对调查过程中的重要事项,应当集体研究后按程序请示报告",规定了监察工作能做什么、不能做什么,怎样开展工作等。这些内容又都属于程序法的范畴。

"监察法的一大特点就是既是组织法又是程序法,一部法律同时规定了监察机关的组织和程序,这在以往的法律中少有先例。"中央纪委法规室有关同志介绍,以法院、检察院为例,法院、检察院有它自己的组织法《中华人民共和国人民法院组织法》和《中华人民共和国人民检察院组织法》,同时法院和检察院的审判程序、调查规则,则统一由《刑事诉讼法》规定。

以法治思维和法治方式惩治腐败

监察法赋予监察委员会必要的权限和调查措施,保证监察工作顺利进行

党的十九大报告明确指出,制定国家监察法,依法赋予监察委员会职责权限和调查手段,用留置取代"两规"措施。

监察法规定,监察委员会履行监督、调查、处置职责,并指出监察机关可以采取谈话、讯问、询问、查询、冻结、调取、查封、扣押、搜查、勘验检查、鉴定、留置等12项措施开展调查。这其中,每一项调查措施都规定了严格的程序和限制条件,对证据的合法性作了明确要求,促进了监察工作的规范化、法治化。

留置是 12 项调查措施中最受瞩目的措施。监察法规定了启动留置措施需要满足的条件,即被调查人涉嫌贪污贿赂、失职渎职等严重职务违法或者职务犯罪,监察机关已经掌握其部分违法犯罪事实及证据,仍有重要问题需要进一步调查,并有下列情形之一的:涉及案情重大、复杂的;可能逃跑、自杀的;可能串供或者伪造、隐匿、毁灭证据的;可能有其他妨碍调查行为的。

监察法还严格规定了留置措施的审批程序,明确了留置场所、时限等相关要求。例如,规定设区的市级以下监察机关采取留置措施,应当报上一级监察机关批准;省级监察机关采取留置措施,应当报国家监察委员会备案;等等。对被调查人采取留置措施后,应当在二十四小时以内,通知被留置人员所在单位和家属,但有可能毁灭、伪造证据,干扰证人作证或者串供等有碍调查情形的除外。有碍调查的情形消失后,应当立即通知被留置人员所在单位和家属。同时,应当保障被留置人员的饮食、休息和安全,提供医疗服务。

“用留置取代‘两规’措施,并规定严格的程序,是法治思维和法治方式在反腐败领域的集中体现,有利于解决长期困扰我们的法治难题,彰显了我们党全面依法治国的决心和自信。”中央纪委法规室有关同志指出。

谁来监督监委?

既有全面的外部监督,也有严格的内部监督

“纪委和监委合署办公以后是否会成为超级大的权力机构?如何加强对监委的监督和制约?”监察法立法伊始,“谁来监督监委”就是绕不开的话题。事实上,监察法已经从内容上对这一拷问递上了答卷。

监察法第二条明确规定:“坚持中国共产党对国家监察工作的领导。”领导本身就包含着监督。监察委员会与党的纪律检查委员会合署办公,在同级党委领导下开展工作。中央纪委法规室主任马森述指出:“在合署办公体制下,对监委第一位的监督是党委监督,各级党委对监委的监督也是最有效的监督。”

监察法还设置专章,对监察机关和监察人员的监督作出详细规定。

监察法规定,各级监察委员会应当接受本级人民代表大会及其常务委员会的监督;各级人民代表大会常务委员会听取和审议本级监察委员会的专项工作报告,组织执法检查;县级以上各级人民代表大会及其常务委员会举行会议时,人民代表大会代表或者常务委员会组成人员可以依照法律规定的程序,就监察工作中的有关问题提出询问或者质询。

除了接受人大监督,监察法更突出刀刃向内的自我监督。

监察法第十五条将监察委员会的公务员纳入监察范围,并在第五十五条规定通过设立内部专门的监督机构等方式,加强对监察人员执行职务和遵守法律情况的监督。监察法规定对打听案情、过问案件、说情干预要及时报告和登记备案,明确了监察人员的回避、脱密期管理、辞职退休后从业限制等制度;同时规定了对监察机关及其工作人员不当行为的申诉和责任追究制度。

此外,监察机关与司法机关既相互配合也相互制约。监察机关应当依法公开监察工作信息,接受民主监督、社会监督、舆论监督……一系列法律条文的具体规定,将监察机关的权力关进制度的笼子,使监察机关始终在严格的监督制约下履行职责、开展工作。

资料来源:兰琳宗,李鹃,陈斯阳.理解好这7个关键点,你就读懂了监察法.(2018-03-22)[2018-04-09]. http://www.ccdi.gov.cn/toutiao/201803/t20180321_166937.html.

(三)监察立法的意义

人民群众最痛恨腐败现象,腐败是我们党面临的最大威胁。当前,反腐败斗争压倒性态势已经形成并巩固发展,但形势依然严峻复杂。习近平总书记指出,增强党的自我净化能力,根本靠强化党的自我监督和群众监督;自我监督是世界性难题,是国家治理的"哥德巴赫猜想",中国共产党下定决心,要练就"绝世武功",建设廉洁政治。

国家监察体制改革是建立中国特色监察体系的创制之举,党中央从全面从严治党出发,将国家监察体制改革纳入全面深化改革总体部署,积极推进改革及试点工作并取得重要阶段性成效,在此基础上使改革实践成果成为宪法规定,具有坚实的政治基础、理论基础、实践基础和充分的法理支撑。

监察委员会就是反腐败工作机构,深化国家监察体制改革的一个重要目的,就是加强党对反腐败工作的统一领导。赋予监察委员会宪法地位,并明确其性质定位和职能职责,实现对所有行使公权力的公职人员监察全覆盖,必将推动反腐败斗争深入发展,进一步增强人民群众对党的信心和信赖,厚植党执政的政治基础。

三、自觉维护宪法权威

宪法是立国之根基、治国之圭臬、强国之重器,宪法与国家前途、民族命运、人民幸福息息相关。宪法权威是法治权威的最高体现,是指宪法得到社会普遍认同、自觉遵守、有效维护的理念与理由,尤其体现为宪法对公权力和所有国家生活产生的拘束力和规范力。十九届二中全会、中央政治局会议和习近平总书记重要讲话,都对维护宪法权威、捍卫宪法尊严、保证宪法实施提出明确要求。习总书记深刻指出,宪法具有最高的法律地位、法律权威、法律效力;我们党首先要带头尊崇和执行宪法,把领导人民制定和实施宪法法律同党坚持在宪法法律范围内活动统一起来;任何组织或者个人都不得有超越宪法法律的特权,一切违反宪法法律的行为都必须予以追究。这一论述,内涵深刻、字字珠玑,指向鲜明、坚定有力。深化依法治国实践,必须树立和维护宪法的最高权威,维护宪法尊严,保证宪法实施,养成严格崇敬宪法、遵守宪法、维护宪法的习惯与文化,使宪法和法律成为人们普遍遵守的行为规范。这是建设法治中国必须解决的首要问题。

第一,维护宪法权威必须加强党的领导。

我国宪法从历史逻辑、理论逻辑和实践逻辑,明确了党的领导是中国近代以来的历史选择、中国人民的政治选择和中华民族的必然选择,确定了中国共产党领导的宪法地位。树立和维护宪法权威,最重要、最根本的是要加强党对全面依法治国和宪法实施的领导。党的十九大报告明确要求,必须把党的领导贯彻落实到依法治国全过程和各方面,坚定不移地走中国特色社会主义法治道路。坚持党的领导,是社会主义法治的根本要求,是党和国家的根本所在、命脉所在,是全国各族人民的利益所系、幸福所系,是全面推进依法治国的题中应有之义。要充分发挥党总揽全局、协调各方的领导核心作用,从体制机制上保证把党的领导贯彻到依法治国全过程和各方面,落实到党领导立法、保证执法、支持司法、带头守法和推进宪法实施的具体实践中。执政党既要坚持依法治国、依宪治国和依宪执政,自觉在宪法法律范围内活动,又要发挥好党组织和广大党员、干部在依法治国中的政治核心作用和先锋模范作用。绝不允许以言代法、以权压法、徇利违法、徇私枉法,一切违反宪法和法律的行为,都必须予以追究。

第二,维护宪法权威必须加强宪法实施和监督。

宪法的生命在于实施,宪法的权威也在于实施。十三届全国人大一次会议表决通过的宪法修正案,是对我国宪法的又一次重大完善。更好发挥宪法在新时代坚持和发展中国特色社会主义、推进全面依法治国中的重大作用,要全面贯彻实施宪法,这是建设社会主义法治国家的首要任务和基础性工作。习近平总书记强调:"保证宪法实施,就是保证人民根本利益的实现。"①修改宪法是为了更好实施宪法,更好发挥宪法的国家根本法作用。应该把实施宪法摆在新时代全面依法治国的突出位置,采取一系列有力措施加强宪法实施和监督工作,为保证宪法实施提供强有力的政治和制度保障,以宪法修改为契机把全面贯彻实施宪法提高到一个新水平。

---

① 《习近平在纪念现行宪法公布施行 30 周年大会上的讲话》,http://www.gov.cn/ldhd/2012-12/04/content_2282522.htm。

当前,开启新时代中国特色社会主义法治新征程,深化依法治国实践,完善以宪法为核心的中国特色社会主义法律体系,建设中国特色社会主义法治体系和法治国家,应当更加重视树立和维护宪法权威,加强宪法实施和监督,把全面贯彻实施宪法提高到一个新水平。习近平总书记提出明确要求:"全国人大及其常委会和国家有关监督机关要担负起宪法和法律监督职责,加强对宪法和法律实施情况的监督检查,健全监督机制和程序,坚决纠正违宪违法行为。地方各级人大及其常委会要依法行使职权,保证宪法和法律在本行政区域内得到遵守和执行。"①加强宪法实施和监督,建立和完善维护宪法权威的长效机制,应当按照中央的要求,全面深入贯彻落实十八大以来特别是党的十九大作出的关于深化依法治国实践、加强宪法实施和监督的各项部署,设立国家宪法实施监督机构,启动宪法解释程序,健全合宪性审查制度,推进宪法实施监督实践,不断树立和维护宪法权威。

第三,维护宪法权威必须加强宪法宣传教育。

宪法的根基在于人民发自内心的拥护,宪法的伟力在于人民出自真诚的信仰。只有保证公民在法律面前一律平等,尊重和保障人权,保证人民依法享有广泛的权利和自由,宪法才能深入人心,走入人民群众,宪法实施才能真正成为全体人民的自觉行动。习近平总书记指出:"我们要在全社会加强宪法宣传教育,提高全体人民特别是各级领导干部和国家机关工作人员的宪法意识和法制观念,弘扬社会主义法治精神,努力培育社会主义法治文化,让宪法家喻户晓,在全社会形成学法尊法守法用法的良好氛围。我们要通过不懈努力,在全社会牢固树立宪法和法律的权威,让广大人民群众充分相信法律、自觉运用法律,使广大人民群众认识到宪法不仅是全体公民必须遵循的行为规范,而且是保障公民权利的法律武器。我们要把宪法教育作为党员干部教育的重要内容,使各级领导干部和国家机关工作人员掌握宪法的基本知识,树立忠于宪法、遵守宪法、维护宪法的自觉意识。"②

当前,加强宪法宣传教育,要把学习贯彻习近平新时代中国特色社会主义思想与学习贯彻宪法精神紧密结合起来,把学习宣传宪法与实施宪法紧密结合起来,依法保障全体公民享有广泛权利,努力维护最广大人民根本利益,保障人民群众对美好生活的向往和追求,让人民群众在国家政治和社会生活中都能够感受到宪法权威、宪法尊严、宪法温暖和宪法魅力。通过宪法宣传教育和宪法有效实施等多种路径和形式,例如深入开展公民宪法教育、推行宪法宣誓制度、推进合宪性审查工作、依法查处违宪行为、落实宪

---

① 《习近平在纪念现行宪法公布施行 30 周年大会上的讲话》,http://www.gov.cn/ldhd/2012-12/04/content_2282522.htm。

② 《习近平在纪念现行宪法公布施行 30 周年大会上的讲话》,http://www.gov.cn/ldhd/2012-12/04/content_2282522.htm。

法基本权利等,努力拉近宪法与人民群众的距离,把高高在上的纸面的抽象的宪法条文,变成人民群众政治和社会生活的具体方式,把宪法变成可用之法、刚性之法、行动之法。在宪法"脱虚向实"的具体实践中,不断深化和强化全体公民对于宪法的政治认同、法治认同、思想认同、情感认同和事实认同。

第四,维护宪法权威要加强宪法学习。

"知者行之始,行者知之成。"尊崇宪法、学习宪法、遵守宪法、维护宪法、运用宪法,树立宪法法律意识,养成遵纪守法习惯,在全社会弘扬宪法精神,是全社会、全体公民的共同责任。只有学到位、做到位,宪法实施才能落地见效。我们要自觉做尊法学法守法用法的模范,大力弘扬宪法精神,切实增强宪法意识,以实际行动坚决维护宪法权威、捍卫宪法尊严、保证宪法实施,为全面推进依法治国、依宪治国,为实现中华民族伟大复兴中国梦作出积极贡献。

四、结语

我国宪法是符合国情、符合实际、符合时代发展要求的好宪法,是充分体现人民共同意志、充分保障人民民主权利、充分维护人民根本利益的好宪法,是推动国家发展进步、保证人民创造幸福生活、保障中华民族实现伟大复兴的好宪法,是我们国家和人民经受住各种困难和风险考验、始终沿着中国特色社会主义道路前进的根本法治保证。当前,必须以习近平新时代中国特色社会主义思想为指导,创新和发展我国宪法学理论,完善宪法制度,维护宪法权威,充分发挥宪法在开启新时代中国特色社会主义新征程中的重要促进和保障作用。

新时代,新宪法;新征程,新力量。作为法之源泉,宪法乃九鼎重器。大学生作为我国具有较高文化素养的青年群体,是中国今后建设社会主义法治国家的中坚力量,更是当代中国学习宪法、普及宪法、遵守宪法和维护宪法的重要力量。大学生要提高宪法意识,做宪法的忠实崇尚者、自觉遵守者、坚定捍卫者,增强对社会主义制度的认同和自信,担当起新时代使命,努力成为中国特色社会主义事业的建设者和接班人。

● **思考题**

1.谈谈此次修改宪法的重大意义。

2.说说我国设立监察委员会的意义。

3.新时代大学生如何自觉维护宪法权威?

第**2**讲

浙江精神浙商载　勇立潮头踏浪行

 学习要点 ►►►

1. 浙江精神之浙商文化
2. 浙江制造之工匠精神
3. 浙江制造之品质革命

　　改革开放以来,在党中央的坚强领导下,浙江省历届省委带领全省人民砥砺奋进,实现了从资源小省向经济大省的历史性跨越,取得了辉煌的成就。近年来,浙江省委始终坚持以习近平总书记在浙江工作时提出的"八八战略"为总纲,一张蓝图绘到底,一任接着一任干,各项工作干在实处、走在前列。浙江准确把握自身所处的历史方位,精准判断经济走势,创造性地打出了"品质革命""浙江制造""工匠精神"等转型升级系列组合拳,改革、发展、稳定等各项工作都取得了骄人的成绩。如今,浙江全省上下正按照习近平总书记"秉持浙江精神,干在实处、走在前列、勇立潮头"的新要求,在高水平全面建成小康社会的新征程上昂首前行。

一、浙江精神之浙商文化

　　改革开放以来,浙江经济的发展态势令人瞩目。究其原因,浙江文化是浙江经济发展的重要推动力。其中，浙商在追求财富的道路上形成的浙商文化，是浙江文化极具价值、耐人寻味的部分。著名经济学家梁小民教授曾经指出，"浙江商人最大的优势在于精神优势"，独特的商业文化造就了浙商闪亮的财富奇迹。如今，曾经文化程度不高、"草根"出身的浙商已经创造出了非凡的成就，而高学历、新思维的新生代浙商也开始在市场经济大潮中崭露头角。

（一）浙商文化的精神底蕴

浙商以独特的创业实践创造了独有的浙商文化。进入信息化时代的今天，浙商以其一贯的敏感和迅捷，用新兴文化中蕴含的崭新的社会价值观和文化想象力，对浙商文化进行着新的演绎。"浙商"已经不仅仅是一个商业现象，更是上升为一个文化现象。

当代浙商文化与浙江文化已经互相融合、互相促进，而且是无法简单克隆的。这是因为浙江经济背后有着许多浙江独有的文化力量在起作用。浙江商人有着自强、坚韧、务实、开拓等精神，更是诞生了诸如"冯根生与正大青春宝国药传统坚守""鲁冠球与万向集团国际化思维""马云与阿里巴巴电子商务理念""宋卫平与绿城房产文化细节和气质"这些浙商企业的文化力和商业哲学思想。

浙江文化是浙江经济社会发展的根系和动力。源远流长的浙江文化滋养着浙江商人，造就了浙江的经济奇迹，培育了代代相传的"文化基因"，形成了"义利兼顾"的精神遗产，产生了一批著名的浙商群体。改革开放的阳光雨露，全面激活了浙商的"文化基因"，他们凭借着"走遍千山万水、说遍千言万语、想尽千方百计、吃尽千辛万苦"的"四千精神"，以勇气、智慧、汗水和担当，创造了一个又一个传奇的"浙江模式""浙江经验"和"浙江现象"，也孕育和造就了"自强不息、坚韧不拔、勇于创新、讲求实效"的浙江精神。

浙江商人对中国商业文化的创新作出了自己独特的贡献，并且对浙江的人文精神有了新的提升。它的独特性表现在三个方面：一是大胆尝试，常常是非禁即入，觉得一个差的结果也比没有结果好；二是善于创新，常常是无中生有；三是善于创造"创富模式"，最典型的就是遍及各地的块状经济产业生态链。

当前，世界经济风云变幻，市场竞争日益激烈，如何发挥先发优势，铸就企业灵魂，提升竞争力，实现浙江经济的持续发展，成为当代浙商们新的历史考验。在文化的时代，需要有文化的企业家。当代浙商在传承传统浙商吃苦耐劳、敢于开拓等精神的同时，提升素质，增加学养，增强文化自觉，努力成为负有历史使命感、能够运用辩证思维、站在战略全局高度把握企业管理规律的经营家，成为胸怀大志、具有开拓创新意识、勇担责任的开拓者，成为有文化、有知识、诚信经营的现代儒商。

思想、文化的力量，可以影响一个国家发展的进程，改变一个民族的命运，更能左右一个企业的发展前景。在现代经济中，经济与文化越来越融为一体。浙江文化所具有的重和谐、尚兼容、谋创新、求实效的特点,越来越多地融入浙江企业的精神中,形成了以创新为发展动力、以科技文化和人才为重要生产要素的文化经济,成为企业高速发展的动力。当代浙商更要善于探本溯源、取精用宏,把文化的"精气神"融会于企业发展的各个环节之中,与时俱进求创新,开拓进取谋发展,推动企业不断实现新的跨越。

文化,不仅是国家腾飞的软实力,也是科学发展的硬支撑。随着经济全球化和知识经济的到来,文化越来越多地渗透到商品和管理的构成要素中,成为生产要素的重要组成部分。文化的创新性强,附加值高,品牌效应显著,竞争优势明显,开拓和占领市场的能力强,渗透力大,具有很强的扩张能力和持续发展力。当前,浙江制造进入了转型升级的关键时期,要以文化为驱动力,为浙商企业注入永葆生机活力、始终与时俱进的文化因子,为浙江产品增添文化附加值,形成可持续发展和持续创造财富的能力,再创新奇迹,再筑新辉煌。

当前,文化产业正以其含金量高、资源消耗低、环境污染小以及可持续发展性强的特点和优势,成为真正的朝阳产业和低碳产业。文化产业具有"反经济周期"增长的规律,因而显现出强大的生命力。国家已经颁布了《文化产业振兴规划》,这是摆在浙商面前的又一次发展机遇。睿智而富有远见的浙商们,应当乘势而上,调整产业结构和产品结构,进军文化产业,推动转型升级,培育新型业态,占领市场的制高点。以先进文化铸就灵魂的当代浙商们,一定能切实担负起社会责任,进一步满足人民群众日益增长的精神文化需求。

浙商名声在外,关键在于其已经形成了一种品牌、一种性格和鲜明的独特品质,成为当代工商文明的重要体现。深入研究、传承、弘扬浙商文化和浙商精神,显得极为重要。浙商精神是浙商文化高度凝练的内核,浙商文化是浙商精神成长的根基。浙商文化相对而言较为宽泛,涉及浙商特性的方方面面,包括浙商的精神风貌、理念行为、经营风格、企业文化等;而浙商精神是由浙商文化熔炼而成的,最终转化为浙商文化的一种符号与标志,也是浙商文化的核心体现。

讨论浙商精神体现了浙商继往开来的血脉传承问题。曾经的"四千精神"是浙商的标志和光荣,侧重于体现浙商的苦干、实干精神。今天讨论浙商新精神,要站在一个全新的高度,要遵循"秉持浙江精神,干在实处、走在前列、勇立潮头"的指导思想。浙商新精神的总结要坚持两条原则:既要有传承,又要有引领;既要有浙江企业家的特色,又要代表现代工商文明、企业家群体的普遍特性。

(二)传统浙商文化的内涵

1.工商皆本的亲商理念,开拓创新的进取精神

历史上浙江的许多著名思想家都有倡导功利、注重工商的新思想。例如南宋时期

的永康学派代表陈亮指出"商藉农而立,农赖商而行,求以相补,而非求以相病",主张农商并重的政策和有利于富民商贾的措施。明末启蒙思想家黄宗羲率先提出"工商皆本"的思想,直接针对重农抑商的农业文化价值观念,强调了经商贸易在社会经济生活中不可或缺的重要性。这些思想集中反映了浙江人在长期社会实践中所形成的价值观念和行为方式,成为浙商文化的重要源流。

改革开放后,浙江人凭借深厚的经商传统经验和对求利的经济文化的认同,在全国率先搞起市场经济,大力开拓市场,发展多种所有制经济。浙江人(尤其是温州人)在20世纪80年代所采取的一些经济体制的创新模式,如前店后厂、沿街成市的专业市场、开办钱庄、成立互助会等,其实并非完全是新近的发明,在浙江的工商发展史上都曾或多或少存在,在一定程度上可以看作是浙江历史上较发达的工商制度在沉寂多年以后的后续效应,是浙江人对历史上的工商制度的创新与发展。这说明浙江重视工商的传统地方文化精神具有较强的历史承袭性。正是这样一种放下包袱、勇往直前、敢为人先的开拓创新精神,使浙商在中国改革开放这一创造性的伟大实践中,如鱼得水,创造了许许多多全国第一。如全国第一批发放的个体工商执照,第一座农民城,第一批股份合作制企业,第一个私人包机公司,等等。可以说,浙商之所以能够在市场化的改革进程中表现出较强的适应性,是与富有理性主义、功利主义、世俗主义气息的文化精神传统的长期熏陶分不开的。

2. 四海为家的奋斗精神,吃苦耐劳的敬业态度

自然资源缺乏造就了浙江人自立自强、顽强拼搏的精神,艰辛的生存环境磨砺出了浙江人自己救自己的精神品质,削弱了对外界的消极依赖心理。为了摆脱贫困,寻求生存出路,浙江人走遍千山万水,吃尽千辛万苦,为了积累原始资金,他们情愿从事别人瞧不起的"下等活",哪里有商机,哪里就有浙江人。弹棉花、补鞋子、磨豆腐、配钥匙、理发——正是从这些不起眼的活开始,浙江人在全国各地创办起了一个又一个的专业市场。不论山地还是高原,不论内陆还是边疆,到处都有操着浙江口音的人,到处都可以找到"浙江村""温州城""义乌路""台州街"。在外闯荡的浙江人不仅每年带回几百亿元资金,还开发了各地的市场,培育出了无数个市场主体,而且学到了许多崭新的市场理念和经营技巧。同样,自然资源的匮乏和严峻的生存压力也逼迫浙江人在市场竞争中不得不比别人花更多的心思去寻觅和捕捉商机,逼迫他们去争喝头口水,抢先一步去赢得市场竞争的优势。正是凭着这种无所畏惧的精神,一批又一批的浙江农民走出家门甚至走出国门,去世界各地艰苦创业,开拓市场。在不断积累财富的过程中,浙江人逐步学会和适应了市场经济的基本法则,同时走到哪里就把市场开拓到哪里,让市场经济的种子遍地发芽。今天,许多成功的浙商都是从艰辛的创业历程中走过来的,这种吃苦耐劳、艰苦奋斗的精神如今仍然推动着他们事业的发展,激励着他们脚踏实地、务实发展、大胆创新,闯荡在各个行业和领域。

3.乐观开朗的开放心态,博采众长的学习意识

浙江是个海洋大省,有着相对发达的海洋文化传统。早在先秦时期,浙江就同朝鲜、日本、印度等国家和国内其他沿海省份有海上贸易往来。到了宋朝,杭州、明州(即现在的宁波)、温州已经是全国对外贸易最重要的港口,海外贸易相当频繁。鸦片战争后,宁波、温州、杭州相继被开辟为通商口岸,港口货物吞吐量更是盛极一时。历史悠久的海外贸易实践和广泛的跨文化交流,不仅拓宽了浙江人的视野,而且培育出了他们开拓创新、兼收并蓄、博采众长的开放的海洋文化心态。

鸦片战争以后,中国逐步沦为西方列强的半殖民地,浙江的经济文化发展遭受了前所未有的摧残,但西方先进的政治体制和经济文化思想在客观上也为浙江经济文化的发展注入了新的活力。洋务运动对西方文明的引进和推崇,近代教育的开办及民族资本主义的兴起,都使浙江人较早和较多地接触到了近代商品经济的生产方式和管理模式,接触到了大量同资本主义文明相关的价值观念、思想方式、行为模式及生活方式。此外,大批在海外谋生的浙江人也成了中西方文化交流的使者。浙江由此也成为近现代中国同西方经济文化会通的前沿阵地。这些对于进一步发扬浙江人敢于创新、勤于探索、勇于开放的精神传统,起到了不可忽视的作用。如果说浙江的改革开放实践真有什么特殊资源的话,那么长期的对外开放和文化交流,以及由此塑造形成的浙江人的开放心态和对市场竞争的顽强适应能力,应当是一个重要因素。

4.灵活变通的思维方式,勤于思考的精神品质

浙江人在长期的谋求生存和发展的探索实践中,逐步形成了依靠自己的聪明才智和技能手艺外出谋生的生活传统。外人评价浙江人时总会说浙江人脑子聪明、会做生意,其实就文化素质而言,浙江人并没有多少优势,真正能够体现他们特色的是勤于思考、开拓创新、灵活变通的精神素质。为了积累创业的原始资金,再苦再累的活浙江人都愿意干,他们边打工边揣摩商机,一旦发现有利可图立马着手抢占市场。正是这种开拓创新、善于思考的精神激励他们很快从修鞋匠、打工仔,发展成为创业的"小老板"。强烈的自主意识和谋利赚钱的动机,使得浙江人能够挣脱条条框框的束缚,调动所有思维去捕捉商机,遇到困难和挫折的时候及时调整思路和策略,开辟新的发展领域。正是这样一种勤于思考、灵活变通的精神品质,使得浙江人在市场竞争中能够游刃有余,如鱼得水,表现出比其他人更强的市场适应能力。

在东阳庞大的泥水木匠队伍中,涌现了一支现代建筑大军;在"百工之乡"的永康,崛起了中国五金城;在"日出华舍万丈绸"的绍兴,建起了称雄全国的纺织产业基地;"红帮裁缝"的故乡宁波,则成了闻名全国的服装之都……正是这些世代相传的专业技能,

加上头脑灵活、开拓创新的个性,使浙江在改革开放之初便迅速形成千家万户办企业的创业浪潮,而且形成了具有各自特色的本土产业,为浙江的区域特色经济奠定了重要基础。

(三)新浙商对传统浙商文化的创新

相对于传统浙商而言,新浙商在继承传统浙商文化的基础上有了更多的突破和飞跃。

首先,新浙商群体的文化素质有了提高。如果说浙商第一代大多出身于农民,文化水平比较低,是在生存条件逼迫下走上创业道路的,那么浙商第三代则都是经过正规教育的高学历者,他们的创业是建立在一种激情和自觉基础之上的。"鲁冠球们"成为浙商,在某种程度上是一种被动的选择,而"陈天桥们"成为浙商,则是在创业激情下的主动选择。新浙商的成功是建立在文化张力的基础上,靠的是一个"概念"或"理念"。他们的出现,预示着"草根"浙商已经作为一种精神力量积淀在浙商文化传统里,现实中的浙商已经逐步向高文化素质群体迈进。

其次,新浙商给传统浙商文化掺入了更多现代科技文化。新浙商视野更加开阔,对信息技术的应用更加广泛。他们的足迹遍布世界各个角落,理念、思维和战略运筹能力在不断提升,努力把握国内、国际市场竞争趋势。他们把先进科技作为市场竞争的武器,与传统浙商相比,所涉及的产品更加高端、科技含量更高,虚拟产品、电子产品层出不穷。例如美特斯邦威的虚拟服装工厂,雅戈尔的移动仓库,都把先进网络信息技术用到了企业管理中,大大降低了经营成本。

新浙商与传统浙商相比还有一个突破,就是发展模式更加多样化。以前零星生产的个体经济发展成了有地域特色的块状经济,形成了一个个专业化产业区,建立了很多大型的专业市场。一些当初只从事简单产品生产的浙商,现在已成为国内乃至国际名牌产品的厂商。很多浙商意识到要做优做强企业,务必要做到产品经营、品牌经营、资本运作三位一体,于是他们借助证券交易所和地方资本市场两个平台,正在逐步完成从产品市场到资本市场的转型。

浙商的成长过程就是浙商文化不断丰富创新的过程。浙商文化在发展变化的过程中最明显的特点就是继往开来,不断接收新内容,博采众长,不断进取突破,始终保持与时俱进,与时代发展相一致。

从传统浙商到新时期的新浙商,浙商文化在丰富和发展过程中始终保持着兼收并蓄、博采众长的开放心态,使浙商能应对各种不同的外部环境,能在各个商帮中脱颖而出。在改革开放的时代大背景下,浙商顺势而上,以海纳百川的魄力和胆识除旧迎新,积极应对国际国内新变化,创造出一个又一个的商业奇迹。

文化不仅需要历史的积淀,也需要时代的创新,只有循着时代发展的脉络不断吸纳,不断沉淀,不断创新,才能被人们所接受,才能长盛不衰。浙商发展历史悠久,文化积淀深厚,浙商文化的发展就是一个在继承的基础上不断充实、不断革新的过程。开拓创新,与时俱进一直是浙商文化的一个重要特征。浙商很少拘泥于条条框框,总是在千方百计地寻找商机,哪里有机会就往哪里钻。浙商的发展不只局限于创业时所涉足的行业,他们善于根据市场环境的变化趋势,不断向新的领域进军。比如,浙江的人民电器集团十多年前从生产电器起步,到开发各种成套电器设备,现在已经是一个集科技、工业、商贸金融、信息、房地产于一体的综合性的大型集团了。浙商的眼光从来不只局限于国内,他们把视野投向全球,与世界经济一体化潮流相一致。比如,鲁冠球和汪力成已经开始摆脱家族制,放眼全世界,在美国收购了多家企业和上市公司,将事业真正做大做强。

从草根起步,从最传统的制造业起家,到现在的网络浙商、虚拟工厂、电子商务,浙商始终走在时代发展的前沿。从开辟国内市场到进军国际市场,从家庭作坊到上市公司,从体力劳动到信息技术,浙商一步一个脚印,大胆创新,紧紧跟随时代步伐,走在潮流的前端。浙商文化也在浙商不断发展壮大、开拓创新的过程中不断积淀、不断丰富,体现着强烈的时代性,同时又引领着浙商向更高的台阶迈进。

(四)浙商文化带来的启示

浙商能实现原始积累,掘得第一桶金,除了头脑灵活、有胆有识之外,最重要的就是不怕苦、不怕累的奋斗精神。在浙商中“白天当老板,晚上睡地板”是极普遍的现象。浙江东冠集团从老板到员工吃住在工地、车间,在贫困中奋发,使企业不断壮大,就是个极好的例子。有学者曾用“四千精神”来概括浙商的创业精神——“走遍千山万水、说尽千言万语、想尽千方百计、吃尽千辛万苦”。正是因为有了这种精神,浙商才能够做别人不愿做的事、做别人做不到的事,善于发现和抓住一切机会,哪里有市场,哪里就有浙江人。在浙商眼中职业无贵贱、生意无大小,别人看来毫不起眼的东西,浙商都能做得红红火火。打火机利润微薄,温州商人却将这一市场做得很大;温州的“五把刀”,即菜刀、剃头刀、剪刀、皮鞋刀、螺丝刀,大部分人是不屑一顾的,但温州人却借以闯荡世界,使其成为致富的一条途径。可以说,吃苦耐劳、奋发图强的精神是浙商文化的重要组成部分,也是现代商人必备的精神。

浙商勇于探索、勇拔头筹,敢为天下先,争做时代弄潮儿。中国的第一家民营航空公司、第一条民营铁路,都出在浙江。浙商敢于远离家乡四处闯荡,他们不仅走向全国,还走向世界,甚至去战火纷飞的地方。创业成功除了要有强烈的个人自主意识之外,还有很重要的一点就是敢为人先的首创精神,要敢于冒风险,敢于突破。

浙商不喜欢张扬,不喜欢抛头露面,他们做事低调,讲究实效,能在创业成功后继续保持艰苦朴素、节俭理财的好作风。在经营中,他们求真务实,讲求效率,不图虚名,真抓实干,珍惜和认真对待创业成果,努力将其发扬光大。许多浙商致富不忘社会责任,积极回馈社会,报效国家。他们不仅捐钱、捐物、建希望小学等,还将企业的发展与扶贫结合起来,在贫困地区建立企业的生产基地,带动当地就业。

浙商信奉"以和为贵",重视团队精神、合作共赢。浙江人结伴在外创业,团结互助意识很强。在欧洲,中餐馆大部分都是浙江人开的,带亲戚、带朋友,队伍像滚雪球一样,不断发展壮大。从亲友真心帮衬到同乡会、商会的有力支持,从个人、家庭持股到员工、社会持股,浙商把一个人的事业办成了多个人的事业,把多个人的事业办成了一群人的事业,把一群人的事业办成了社会的事业。目前,浙江商圈内,一种"经济共同体"的合作模式正悄然兴起,逐渐成燎原之势。许多浙江民营企业完成了第一次创业后成功积累了一定的资金,但是当他们需要寻找新的发展空间进行二次创业时,光凭一己之力可能做不成,便产生了"抱团"合作的想法。如今,"抱团发展"成为浙商们的一个共识,也成为浙商的一个显著特征。浙商通过各种各样的商会来促成合作发展,商会主要承担行业自律、维权、组展、服务、协调、管理等职责。在企业诚信方面,商会起着非常大的约束作用。近年来,依托商会形成的诚信担保投资更是成为浙商"经济共同体"的一种特有形式。积极"抱团",有助于浙商抓住我国深化改革以及全球化背景下的大机遇,有助于浙江产业整体升级换代。

浙商文化发展中一个很大的特色就是始终保持开放包容、兼收并蓄的文化心态。浙商无论走到哪里都能与当地文化和平相处,在保持自己特色的同时求同存异,取长补短、兼收并蓄,与它们融为一体。这种带有中庸和谐的思想使浙商能快速打开并占领市场。当今我国建设社会主义和谐社会,就需要这种开放包容、兼收并蓄的文化心态。

创新是一个民族进步的灵魂,也是一个地区发展的不竭动力。谁能率先冲破计划经济的思维定式、树立市场经济的思维方式,谁就能抓住市场先机、赢得竞争优势。浙商能够成长发展到今天,就是不断开拓创新、与时俱进的结果。浙商以灵活、善于突破著称,从"哪里有市场,哪里就有浙商",到"哪里有浙商,哪里就有市场",充分反映了浙商的强烈创新意识。邓小平同志曾说过:"没有一点闯的精神,没有一点'冒'的精神,没有一股气呀、劲呀,就走不出一条好路,走不出一条新路,就干不出新的事业。"浙商正是依靠着这股闯劲和冒险精神创造出了财富神话。

二、浙江制造之工匠精神

"工匠精神"是一种职业精神,也是一种制造文化,它要求兢兢业业、精益求精、精耕细作、勇于创新、追求卓越。"工匠精神"要依靠具体的企业去落实、发扬。但在此过程中,政府也要有所作为。政府要积极引导地区、企业的产业升级,提供政策和制度环境的有效供给,比如完善市场准入,营造公平竞争营商环境,强化监管,保护知识产权,严打假冒伪劣,等等。

(一)"工匠精神"打造"浙江制造"

《中国制造2025》是中国政府实施制造强国战略的第一个十年行动纲领。根据这一战略,到2025年中国要迈入制造强国行列。作为制造业大省,浙江省制造业企业达到25万家,如果算上制造业的个体工商户,总量达到104万家。为落实《中国制造2025》规划,推动企业创新和转型升级,近年来,浙江省通过市场主导和政府引导相结合,发扬"工匠精神",着力打造"浙江制造"区域品牌,推动企业创新和转型升级,取得积极进展。

"工匠精神"打造"浙江制造"的金名片,向全球展示浙江的产品靠的就是品牌。"浙江制造"并非泛指产自浙江的产品,而是专指建立在"高标准+严认证"基础上的区域品牌。自2014年起,浙江率先在全国构建以"区域品牌、先进标准、市场认证、国际认同"为核心的"浙江制造"品牌建设制度体系,实现了全国首个地方区域性品牌认证的突破。经过3年的努力,目前浙江已有44家企业获得77张"浙江制造"认证证书,其中国际合作证书16张,已制定的165个"浙江制造"产品标准,全部达到国际先进水平。

浙江省质监局副局长纪圣麟说:"我们坚持发挥政府市场两种作用,通过市场主导和政府引导相结合,推动浙江品牌建设。政府着力构建完善政策框架体系和政府推进体系,并持续培育目标企业,引导企业实现质量提升。同时我们积极发挥市场作用,利用浙江品牌建设促进会、行业协会、认证机构等第三方组织力量,落实企业的市场主体责任,以市场化推进区域品牌的建设。"

浙江省质监局牵头组织了"浙江制造"认证联盟,坚持标准、认证两种手段,以高标准加严认证为主要路径,运用"工匠精神"来引领高品质发展,最终打造品质高端、技术自主、信誉过硬、市场与社会公认的浙江制造品牌;坚持打通国内国际两个市场,通过国际认证手段,帮助企业获得国际市场认可,为浙江企业和产品提供通行证,以标准走出去实现产品和服务走出去,实现"大进大出"向"优进优出"转变,加快推进先进制造业基地建设,提高产品附加值,解决实体经济大而不强的短板。

总部位于浙江杭州的海康威视数字技术股份有限公司,是以视频为核心的物联网解决方案和数据运营服务提供商,也是最早通过"浙江制造"品字标认证的企业之一。近年来,企业不断加强自主创新能力,实现由价值链低端向高端跃升。海康威视每年的科研投入占每年销售收入的7%到8%,在人工智能这个领域获得很多第一。从技术的第一到研发,到快速的产品化,再到市场的推进以及后续的服务,都有完整的而且比较快速的产业链条,这使企业在竞争力上远大于只做某一块的企业。

由于研发能力不断增强,目前海康威视拥有视音频编解码、视频图像处理等核心技术,以及云计算、大数据等前瞻技术,并将业务延伸到智能家居、工业自动化和汽车电子等行业。在此基础上,公司着力打造自主品牌,拓展国外市场,在美国、加拿大、意大利、澳大利亚、法国等国设立了 28 个销售公司,产品和解决方案覆盖 150 多个国家和地区。品牌塑造对于企业的发展有很强的推动作用:2016 年,海康威视的销售收入是 320 亿元,其中三分之一的销售收入来自海外国际化这块,其在海外拓展业务的一大特点就是全部是自主品牌;在海外扩展的时候,企业的品牌认知以及品牌塑造的文化,对销售业绩产生非常积极的作用。

新时期浙江经济发展面临的重大课题是如何实现由制造大省、品牌大省向制造强省、品牌强省转变。打造"浙江制造"品牌,就是旨在通过提升产品标准、质量、品牌,引领浙江制造业迈向中高端,提升整体品质形象和竞争能力,方法就是对标"德国制造"。国际上产品质量第一梯队是美国、德国、日本,中国处于第二和第三梯队之间,如今我国已经有很多产品处于第二梯队并向第一梯队走,并且差距也不大。而"浙江制造"的目标就是让浙江现有的好产品达到"德国制造"的水准。

"德国的今天,将是浙江的明天。"这不仅是浙江人追逐的目标,而且已在浙江经济社会发展的行动中逐步体现。聚焦制造业的对比,人们看到了正在升级中的"浙江制造"。在义乌举行的 2017 年度"浙江制造"品牌建设系列发布会上,一个活动尤为引人关注:"浙江制造"认证企业"对标德国"质量比对活动。通过多个指标对比,消费者关注度较高的厨电、地板行业的"浙江制造"与"德国制造"已不相上下。

由浙江省质量技术监督局组织开展的质量比对活动,结合省内"浙江制造"重点关注和培育的行业领域和产品类型,选择了更加贴近消费者、极具浙江产业代表性的厨电和地板两类行业共 4 家知名企业,委托浙江制造品牌建设促进会开展企业综合能力比对,浙江方圆检测集团股份有限公司开展为期 3 个月的产品实物质量比对。据浙江方圆检测集团股份有限公司副总经理顾航介绍,方太和老板的吸油烟机在全压效率、噪声、常态气味降低度指标上,已优于"德国制造"产品;世友地板和久盛地板所生产的实木复合地板,在甲醛释放量、可溶性铅含量、漆膜硬度等多项指标也都高于现有的"浙江制造"标准,和"德国制造"相关指标相差无几。

浙江省"浙江制造"认证企业在国内市场的占有率以及营收方面已经实现更胜一筹,技术创新与设计开发也更能适应目前高速变化的市场环境。"浙江制造"认证企业对标"德国制造"企业存在优势。通过将浙江企业与德国企业对比,可以看到在"浙江制造"中闪烁着的"工匠精神"。

（二）弘扬新时代浙江"工匠精神"

1.评选第二届"杭州工匠"

2018年4月20日,第二届"杭州工匠"认定发布。经过历时6个月的层层推荐、评审、认定,30名来自杭州市各行各业、具有代表性的工匠,登上领奖台,光荣当选"杭州工匠"。

弘扬"工匠精神",厚植工匠文化。"杭州工匠"认定活动创办于2016年,旨在充分挖掘各行各业的能工巧匠,在全社会营造"尊重工匠、赞美工匠、争当工匠"的良好氛围。第二届"杭州工匠"认定工作于2017年10月启动,受到了社会各界的强烈关注,各行各业的能工巧匠通过组织推荐、社团推荐、他人推荐和自荐报名等方式踊跃报名,共收到"杭州工匠"报名推荐材料265份,142名参选人通过初审。通过专家评审、社会公示等程序,最终评选出的30名"杭州工匠",都是各自行业的领军人物。

本届"杭州工匠"评选有五大特征:一是高质量。他们有的具有绝技绝活,有的在杭州特色、传统工艺等领域刻苦钻研技术,有的在技术上有重大创造或革新,有的在世界技能大赛和国家级技能大赛上名列前茅,有的职业技能在同行业中处于拔尖水平。二是宽容量。不仅把各行各业中技艺领先、行业影响力大、重视传帮带的候选人挑选出来,还适度向现代制造业倾斜,并兼顾新兴产业、现代服务业、杭州传统产业,突出了如中国文化、女装之都等杭州元素。三是正能量。本届评选特别增加了要乐于传帮带、德艺双馨等条件,体现了一种传承、帮带的正能量。四是精数量。尽可能将最优秀的匠人选树出来,体现优和精,确保杭州工匠的质量。五是有力量。通过持续开展"杭州工匠"认定,多渠道、全方位、立体化宣传"工匠精神",推动各行各业弘扬和学习"工匠精神",营造尊重工匠的良好氛围,让"工匠精神"成为广大职工的主体意识和主流精神。

2.十九大代表张积贵与"工匠精神"

"十九大报告提出建设知识型、技能型、创新型劳动者大军,弘扬'劳模精神'和'工匠精神',营造劳动光荣的社会风尚和精益求精的敬业风气。这是向我们技术工人发起了动员令。"走进浙江温兄机械阀业有限公司的车间,机器轰鸣声不绝于耳,党的十九大代表、浙江温兄机械阀业有限公司党支部书记张积贵正把工友们聚拢在一起,和他们分享学习十九大报告的心得。

打开随身携带的一个老旧公文包,张积贵拿出了厚厚一沓宣讲提纲和一本黑色笔记本,上面密密麻麻地记满了他的学习心得。张积贵说:"十九大报告内容丰富,只有根据不同对象有重点、有针对性地宣讲,才能让十九大精神真正入脑入心。"

"张师傅,'工匠精神'过不过时?"公司高级焊工柯长海举手提问。

"不仅不过时,而且越来越重要。"张积贵把画满了重点的十九大报告举得高高的,"十九大报告强调'工匠精神',说明新时代呼唤的正是'工匠精神'。"张积贵对此深有体会,在他看来,大国工匠就应该具有"工匠精神"。

"今后,会有越来越多的年轻人愿意成为技能型人才。我们要做的,就是更好地发挥好'传帮带'的作用,让年轻的技能人才能够快速成长。"张积贵坦言,从北京回到车间,感觉自己肩负的责任更大。他带领 10 余名"张积贵技能大师工作室"的成员"以师带徒",对单位新招的十多名工人开展培训,让他们尽快掌握车工、钳工等各种技能。

"90 后"焊工张浩华是浙江温兄机械阀业有限公司最年轻的技工,他信心满满地表态:"十九大报告提出,广大青年要坚定理想信念,志存高远,脚踏实地,勇做时代的弄潮儿。作为一名青年焊工,我要认真学习领会十九大精神的丰富内涵,紧密结合工作实际,不放过一处故障隐患,为车间生产经营保驾护航,积极创新,作出新作为。"

2018 年 3 月 5 日,国务院总理李克强在政府工作报告中提到,要"鼓励企业开展个性化定制、柔性化生产,培育精益求精的'工匠精神',增品种、提品质、创品牌"。浙江省有悠久的"工匠精神"历史,在此基础上,我们亟须坚守"工匠精神",弘扬"工匠精神",推动我省从制造大省走向制造强省,打造"浙江创造"的金字招牌。

三、浙江制造之品质革命

今年全国两会上的政府工作报告提出:"全面开展质量提升行动,推进与国际先进水平对标达标,弘扬'工匠精神',来一场中国制造的品质革命。"所谓品质革命,指的是产品质量的重大革新和根本性提升,具体包括产品的品质文化、品质创新、品质研究、品质制度、品质体系、品质道德、品种结构、品牌影响等方面重大的颠覆性变革。

品质革命的实质是提质增效,是转型升级,是供给侧结构性改革的重要内容,是一场效率革命。目的是通过增品种、提品质、创品牌,转变经济增长方式,更好地满足人民群众消费升级的需求,推动中国制造向中国创造转变、中国速度向中国质量转变、中国产品向中国品牌转变,从而使中国实现从制造大国向制造强国转型的革命性转变。

(一)新时代浙江呼唤"品质革命"

进入新时代,中国企业的发展环境与条件已经发生了重大变化。原先支撑中国经济高速增长、企业快速发展的资源基础与要素结构发生了重大变化,原来的增长方式已难以维系。劳动力成本的上升速度远远快于劳动生产率的提高速度,劳动力的供给状况也发生了变化,农村可转移劳动力数量逐年下降,工业用地日渐稀缺。从综合成本来看,"中国制造"不再便宜,资源环境的约束进一步强化。城乡居民消费对制造业产品的要求,正从"价廉物美"转向"价适质优""性价比高"。内需拉动工业增长的作用日益增强,城市与乡村、东部与西部在消费水平差距、新型城镇化以及消费者年龄结构等方面的变化,为消费增长提供了巨大的空间,也对制造业产品的供给提出了更高要求。

中国已经建立了完整独立的工业体系,总体规模几乎达到世界最大,已经成为制造大国,某些行业、某些产品已经达到世界一流或世界领先水平,但还不是制造强国,正在努力向制造强国转变。我们的制造业还存在着工业基础薄弱、核心关键技术受制于人、产品质量总体水平不够高、高端数控机床(高端装备制造)差距大、技能人才与高端人才供给不足等短板。

在制造业有效需求不足的同时,也存在着有效供给不足。大量重要原材料、核心零部件、关键设备仍然依赖进口,或者即使已经实现了国产化,但产品的一致性、稳定性较差。我们还缺乏市场影响力大,尤其是具有国际影响力的高端民族品牌。国内消费品产业竞争处于红海状态,竞争激烈、利润率低,随着国内消费水平的提升和消费结构的变化,大量消费需求转向国外品牌。

浙江的制造业发展所面临的环境条件变化、存在的短板与全国是一样的,有些地方甚至更加突出,尤其是环境资源约束更强,要素供给的成本更高。浙江的制造业企业大多处于产业链的中低端,在创新能力、知名品牌、产品附加值等方面与国际先进水平相比还有不少差距,产业话语权缺乏。

浙江是中国近代工业的发祥地之一。改革开放以后,浙江的制造业发展迅速,跻身全国前列。然而我们仍须看到,浙江是制造业大省之一,但不是制造业强省。举例来说,浙江是中国丝绸的重点产区和出口基地,全省生丝产量、绸缎产量和出口量,均居全国首位,但业内有一种说法——最早的丝绸在浙江,最贵的丝绸在法国;温州的皮具很有名,但其附加值远低于意大利的知名皮具产品;嵊州是全世界最大的领带生产基地,但其单条领带的价格只有欧美一些知名品牌的几十分之一。

经过多年的不懈努力,"浙江制造"的竞争力和制造能力得到了有效增强,许多制造业产品正转为精品、名品、优品。浙江在一些制造业领域已经形成了一批在全国甚至全球有相当竞争力的企业。比如,宁波的王龙集团有限公司是全世界最大的山梨酸、山梨酸钾制造商;绍兴的卧龙电气股份有限公司是中国最大的电机制造商,在全球同行业中也名列前茅;杭州汽轮机股份有限公司是全球除西门子外第二家可以向市场提供 10 万千瓦等级以上工业汽轮机技术与产品的公司;杭氧集团的产品关键指标赶超国际先进水平,已经能够生产世界最高水平的 12 万等级空分设备,跻身世界空分行业五强。

在品质革命方面浙江也采取了一系列行动。2006 年,浙江省发布《关于推进"品牌大省"建设的若干意见》,开展了品牌大省建设。近年来,浙江以提高质量供给水平作为制造业转型升级的重要切入点,全面推进标准强省、质量强省、品牌强省战略,通过质量的提升、品牌的塑造来提高浙江制造业产品的质量和供给水平。尤其是从 2014 年年底开始,浙江在全国率先打造"浙江制造"品牌,这是以标准和认证为手段推出的区域性公共品牌。"浙江制造"品牌的标准要高于国家与行业标准,基本达到国际先进、国内一流,以标准和认证来推动企业严格标准、提高质量、迈向卓越。

浙江还在全国率先推出了"亩均论英雄"的做法。2006 年,绍兴就已提出以"亩产论英雄",鼓励企业提高投入产出率;2013 年,海宁市开展以"亩产效益"为导向的资源要素市场化配置改革试点;2015 年,"亩均论英雄"在浙江全面推开。"亩均论英雄"就是以效率论英雄,这项改革改变了对地方、对企业、对园区的考核方法与指标,不唯 GDP、工业增加值数量论,倒逼引导各地、企业、园区提质增效,推进以效率为导向的资源要素市场化配置。这些都是"浙江制造"品质革命过程中的具体行动、措施与创举,是"浙江制造"的品质担当。

品质革命是一个动态的过程。产品品质是随着技术、工艺、标准、管理等变化的,制造企业的产品品质以及对产品品质的追求也是动态的,所以品质革命的成功是一种阶段性的成功。品质革命取得阶段性成功的标志是一流标准、一流品牌、一流产品、一流企业。我们的制造标准是否成为国际标准?德国工业 4.0 的经济本质就是要向全球推行智能化的工业化标准,我们要争取在新的工业革命中提出新的国际标准。我们的产品品牌能否成为国际知名品牌?这种知名不是自己评出来的,而是要得到国际消费者与客户的认可。我们是否拥有在重要的关键经济领域、在行业中长期持续保持全球领先的市场竞争力、综合实力和行业影响力,并获得全球业界一致性认可的企业?"浙江制造"的品质革命所指向的就是这种成功。

(二)丽水上演"品质革命"

致力于"实现从制造大省、品牌大省向制造强省和品牌强省的转变,使'浙江制造'成为中国制造的标杆"的浙江省,2014 年至 2015 年的质量建设工作成功晋级,与京沪广三省(市)并列全国第一方阵。从"大水漫灌"式供给转向做精做优产品,"浙江制造"的制造能力和竞争力在不断提升。紧扣《中国制造 2025》,浙江再次因时而动,联动实施质量强省、标准强省、品牌强省战略,强势打造"浙江制造"品牌。

1.秉承"质量强市"理念积极推进"浙江制造"品牌

丽水秉承"质量强市"理念积极推进"浙江制造"品牌建设,以标准、质量、品牌建设引领产业升级和供给侧结构性改革的新路,成功推进了一场制造业品质革命,在"浙江制造"宏图中打造出个性鲜明的"丽水制造"板块,唱响丽水质量好声音。青田县成功入选全省第二批"浙江制造"品牌创建示范县。与此同时,青田绿水股份有限公司的卧式离心机产品也顺利通过"浙江制造"品牌认证,实现了丽水市"浙江制造"品牌零的突破。从筹备申请到认证成功,青田绿水股份有限公司用了近两年时间。"浙江制造"的标准很高,企业必须通过管理和产品的双重认证,才会得到认可。所以对于企业来说,这项认证的含金量非常高。

"浙江制造"品牌,是指能代表浙江制造业先进性区域品牌形象标识。通过认证的企业,可以在产品或外包装上印上"浙江制造"品牌标识。细究《"浙江制造"评价规范》,不难发现"浙江制造"品牌的评价标准之严苛。它将产品标准分为"通用要求"和"管理要求"两部分,不仅要求产品品质卓越,还从自主创新、产业协同、社会责任等三方面对企业提出了高要求。此外,这项认证是由国内、国际知名认证机构共同实施,以高标准和严认证推动企业"站起来,走出去"。事实上,在申请"浙江制造"品牌之前,绿水公司已是国内离心机行业的龙头企业,它的产品甚至能与欧盟先进离心机企业一争高下。然而,要成为"浙江制造"品牌企业,之前一贯参照的标准还不够。作为卧式离心机"浙江制造"标准的起草者,绿水公司提出的标准远远高于国标,甚至达到了欧盟标准水平。比如对产品无故障工作时间的规定,国家标准为≥5000 小时,而"浙江制造"的标准为≥8000 小时,接轨欧盟标准。

浙江省政府支持创建"浙江制造"品牌,从而进一步提高企业的市场竞争力。除了绿水公司以高规格、大手笔力推"浙江制造"外,还有不少行业领军企业也以"浙江制造"品牌为标杆,不断向高端迈进。三辰股份有限公司、意尔康股份有限公司、金宏瓷业等龙头企业都相继投入"浙江制造"品牌创建工作中。百尺竿头更进一步,丽水以建设"浙江制造"品牌为契机,着力从制造业供给端发力,以标准提档、质量升级、品牌增效为着力点,破解产业层次不高、品牌国际化不够、企业竞争力不强等问题,推动丽水经济跃上更高层次、更高质量,率先迈入质量时代、标准时代、品牌时代。

2.归零翻篇开新局:"标准化"引领发展主旋律

身为国内直流电源经营规模最大的专业企业之一,浙江三辰股份有限公司是低压直流成套开关行业的龙头企业。早在 1987 年,公司便参与起草产品国标。凭借其在行业内标准上的先进性,如今,三辰公司还承担着主导制定低压直流成套开关设备"浙江制造"标准的重任。

在"浙江制造"标准里,智能化必须纳入标准体系,公司出售的产品信息、设备故障实时信息等须导入专门 App,远程为客户提供售后服务。作为国内首家把互联网、物联网、大数据融入低压直流成套开关设备标准的企业,三辰公司负责人坦言,这样先进的标准对绝大多数企业而言,是极难达到的。但为了将"浙江制造"打造成"中国制造"的标杆和浙江经济的金字招牌,从而把浙江制造业推出去,走向全国、走向世界,必须做出如此严苛的标准。归根结底,"浙江制造"品牌建设,其实是对制造业"标准"的强化。一直以来,丽水制造业企业大多处于产业链中低端,核心竞争力和自主创新能力不强,产品附加值低,质量、效益不佳。为了推进"标准强市"和"浙江制造"品牌建设,丽水着力打造配套产业,培育中小企业群里的"带头大哥",完善产业质量创新平台体系,加强质量、标准等公共服务体系,提高现有的平台辐射力、影响力和集聚功能。

经济新常态下,随着要素成本上升、全球市场低迷,丽水制造要实现科学赶超并非易事。在"两山"战略指导下,坚持质量为先、标准引领、品牌带动,强化质量标准品牌供给,全面提高发展质量和效益,无疑是当下促进制造业发展最核心的共识。

近年来,丽水在"标准强市"建设中颇有建树。2015年,丽水市成功立项《生态休闲养生(养老)基地建设和运营服务规范》《社区便民服务中心服务规范》等3个国家标准,实现了市服务业国家标准零的突破。2015年,丽水市实施国家及省市标准化示范项目22个,通过项目带动,标准化建设在各领域的示范效应不断显现,实施范围也得到不断拓展,逐渐从过去的一产、二产为主转变为一二三产齐头并进的良好态势。

标准是制造业发展的命脉。通过"标准化"建设,丽水制造业正迸发出崭新的活力。

3. "政策推动"促升级:一张"蓝图"绘到底

虽然丽水工业基础相对薄弱,但也不乏如青瓷、宝剑、竹木制品等"行业第一、产业第一"的特色产业。依托"浙江制造"品牌的打造,丽水特色制造产业改变的不仅是产品质量,更有产品的生产方式、营销方式以及企业的管理水平。2016年浙江省品牌促进会将龙泉艺术青瓷纳入"浙江制造"首批标准制定计划,龙泉青瓷也因此获得了迈向高端化的重要机遇。

龙泉青瓷是中华民族的瑰宝,龙泉青瓷传统烧制技艺是全球唯一的陶瓷类人类非物质文化遗产。但在走向市场化的过程中,由于缺乏相关标准认定,即使是优质的青瓷产品也难以展现出强竞争力。针对这一情况,丽水市专门制定了《关于加快推进龙泉青瓷产业提质增效的意见》,明确提出以质量、标准、品牌促进龙泉青瓷产业提质增效。

由丽水市质量技术监督局组织申报的龙泉传统艺术青瓷"浙江制造"标准已经发布,首次对龙泉传统艺术青瓷的原料、工艺、生产过程基本条件等作出明确要求。该标准定位为高品质、高端化,不符合标准要求的艺术品不能申请"浙江制造"标志,也无法获得龙泉传统艺术青瓷"浙江制造"认证证书。

随着丽水"浙江制造"品牌建设三年行动计划的全面实施,丽水正围绕生态优势产业,大力支持"浙江制造"品牌培育企业开展标准提档工程,同时梳理一批行业"单打冠军"作为试点培育对象,充分发挥行业龙头骨干企业和中小企业"隐形冠军"的领跑作用,带动广大企业找差距、找短板、定标准、定对策,全面提升丽水制造业整体竞争力。

丽水以先进制造业和传统优势产业为重点,每年制定"浙江制造"标准5个以上,到

2018 年底,制定"浙江制造"标准 15 个以上。此外,丽水还实施了质量创新工程、标准提升工程、品牌培育工程,进一步强化公共服务平台建设、品牌发展与保护、品牌队伍建设,对"浙江制造"培育企业在融资、品牌提升、技术进步、企业拓展市场、加强质量标准建设等方面给予政策支持。

目前,丽水市政府及 7 个县(市、区)已经出台了加强"浙江制造"品牌建设工作的政策意见,并实现了全覆盖。同时,丽水市还在积极排摸各行业的"单打冠军"和"隐形冠军",建立"浙江制造"品牌重点培育库,开展精准帮扶。从加强标准供给、质量品牌供给、人才供给等方面持续发力,"浙江制造"品牌建设的丽水蓝图已清晰可见。

四、结语

一个时代有一个时代的精神气质,我们的时代将以怎样的面貌被历史书写,取决于每个人的表现。对于步入高质量发展阶段的中国制造而言,要实现质的飞跃,企业家和工匠群体显得尤为重要。翻开今年政府工作报告,"两种精神"同时入列——"激发和保护'企业家精神',增强企业家信心,让民营企业在市场经济浪潮中尽显身手";"全面开展质量提升行动,推进与国际先进水平对标达标,弘扬'工匠精神',来一场中国制造的品质革命"。

改革开放 40 年来,浙江敏锐地抓住时代机遇,率先推进市场化取向的改革,充分激发人的活力,一跃成为经济大省。在这一历史进程中,孕育了一大批卓越的企业家,造就了一大批优秀的工匠。在新时代,浙商将继续秉承浙江精神,持之以恒,接受任何的挑战和考验,不懈怠、不软弱;匠人将继续坚守对技术、品质、创新精神的匠心,怀着一颗追求卓越品质的心,抓住每一个细节,打造"浙江制造"品牌。

 教学案例

杭州跨境电商综试区一周年,下一步怎么走?

2015 年 3 月 7 日国务院批准杭州跨境电商综试区成立,转眼已经一年过去,杭州综试区交出了一份靓丽答卷:跨境电商交易规模达 34.64 亿美元,线上"单一窗口"累计传输出口申报小包超过 4488 万票,线下形成"一区九园"新格局,新引进 366 家优强企业。

过去一年,杭州综试区顺应"互联网＋外贸＋中国制造"发展趋势,联合龙头企业,实施做大做强"跨境电商 B2B 专项行动"。截至去年 12 月底,杭州跨境电子商务交易规模从 2014 年不足 2000 万美元快速增至 34.64 亿美元,其中出口 22.73 亿美元,进口 11.91 亿美元,拉动杭州外贸出口增长 5.4 百分点。由于有了综试区跨境电商出口的拉动,杭州市出口同比增长4%,增幅高于全省1.7百分点。

综试区一周年形成"杭州模式"

跨境电商作为"互联网＋外贸"的新型业态,有效地实现了"优进优出",是助推制造业升级的有效利器,是政府推进自身改革的一次大胆创新。仅在阿里巴巴国际站上经营的杭州企业数就超过3500家,新增有实绩企业超过1500家,形成独具特色的"杭州模式",建立了以跨境B2B为主导的产业体系。

杭州综试区形成线上线下深度融合的跨境电商生态圈。综试区联合阿里巴巴等平台,积极通过大数据赋能中小企业,构建线上线下深度融合的跨境电商生态圈。作为线上生态圈核心的"单一窗口"平台,已累计传输出口申报小包超过4488万票,交易额超过18.58亿元;累计传输个人小包进口申报超过1742万票,交易额超过28.45亿元。

综试区立足全杭州市域。杭州综试区规划布局"一核一圈一带、全域覆盖"的线下生态圈,目前已形成下城园区、下沙园区、空港园区、临安园区、江干园区、萧山园区、邮政产业园、余杭园区和富阳园区等"一区九园"新格局。

综试区也成为推动自主品牌商品出口的利器。借助海外仓大力发展跨境贸易电子商务,突破了以往我省外贸企业常见的OEM贴牌加工模式,发展自主品牌,掌握销售渠道,直接连接外贸企业与终端客户,等于是帮助浙江外贸"插上了翅膀"。

便利化的通关优势和良好的发展环境,吸引一大批企业向杭州综试区集聚。2015年新引进跨境电商产业链企业366家,其中龙头企业99家,普洛斯、深国际等世界500强企业,京东、敦煌网等知名电商投资项目纷纷落户。

杭州综试区经验被全国推广复制

今年开年国务院的第一件事就是,印发《关于同意在天津等12个城市设立跨境电子商务综合试验区的批复》(以下简称《批复》),在全国12个城市扩大跨境电子商务改革试点。《批复》对杭州实践予以高度肯定,将杭州经验提炼概括为以六体系两平台为核心的制度体系。《批复》表示:2015年3月国务院批准设立中国(杭州)跨境电子商务综合试验区以来,商务部会同有关部门与浙江省、杭州市经过不断探索,初步建成了信息共享、金融服务、智能物流、电子商务信用、统计监测和风险防控等六大体系,以及线上"单一窗口"和线下"综合园区"两大平台等适合跨境电子商务发展的政策体系和管理制度,相关部门及时研究和解决了杭州方面提出的55项创新政策诉求,试点工作已取得积极成效。

杭州市围绕"六体系两平台",相关部门纷纷出台创新政策,形成9个方面19条创新政策,初步实现了制度体系的再造、商业模式的创新、贸易体系的重塑、产业水平的提升。杭州海关推行全程通关无纸化,推出简化申报、清单核放、汇总统计,率先启动B2B出口试点,允许批量转关,为综试区企业提供通关便利服务;杭州出入境检验检疫局推动检验检疫信息化平台上线运行,检疫许可审批大提速;杭州市国税部门积极寻求政策突破,推动一定条件下"无票免税"政策落地,完善"有票退税"管理模式;国家外汇管理局浙江省分局积极引入支付机构便利电商主体资金收付,出台八条新政支持跨境电商B2B发展;市场监管局积极推动国家工商总局出台新政支持杭州综试区建设。

这次试点扩围,我省宁波市入选,义乌虽然没有入选,但义乌市的跨境电商工作也做得风生水起,走在全国前列。

杭州跨境电商综试区下一步如何发展?

国务院《批复》要求,要牢固树立并贯彻落实创新、协调、绿色、开放、共享的发展理念,以深化改革、扩大开放为动力,借鉴中国(杭州)跨境电子商务综合试验区的经验和做法,因地制宜,突出本地特色和优势,着力在跨境电子商务企业对企业(B2B)方式相关环节的技术标准、业务流程、监管模式和信息化建设等方面先行先试,为推动全国跨境电子商务发展提供可复制、可推广的经验,用新模式为外贸发展提供新支撑。

2016年,浙江省和杭州市下一步将按照国务院要求,继续推动跨境电商发展。以B2B为主攻方向,规范跨境电商园区建设,提升海外仓的公共服务和智能化水平,建立以跨境B2B为主导的产业体系。杭州综试区正在加快制定第二批制度创新清单,进一步推动构筑跨境电商制度创新高地。

资料来源:张汉东.杭州跨境电商综试区一周年,下一步怎么走.(2016-03-08)[2018-04-09].http://biz.zjol.com.cn/system/2016/03/08/021056148.shtml.

● **思考题**

1.浙商文化给你带来什么启示?

2."浙江制造"体现了怎样的"工匠精神"?

3.你的家乡有发生类似"品质革命"的产业升级吗?

第**3**讲

网络乱象需惩治　社交平台待监管

 学 习 要 点 ......▶▶

1. 网络直播兴起的隐患危机

2. 抖音、快手背后的假乱流毒

3. 重拳打击网络乱象还需建立长效机制

━━

2016 年被称为"网络直播元年"。作为当前最为火爆的风口产业之一,网络直播方兴未艾却乱象频出。日前,有网友热议,网络直播平台"快手"的一些主播为了涨"粉丝",在四川凉山州贫困区某农村做"伪慈善",直播时发钱,结束后收回。公益慈善竟然成为某些无良网络主播捞钱的手段,"伪慈善"事件经媒体曝光后,立即引发热议。

从 2017 年开始,网络直播进入了全民时代,短视频平台满足了广大用户的社交和娱乐需求。但直播平台过度商业化,点击率成为衡量平台价值的唯一标准,导致一些短视频平台为了博取关注、吸引眼球,将大量低俗、恶搞、不雅视频置于推荐首页,从直播造人,到"全网最小孕妈",直播乱象层出不穷。

2018 年年初,国家广电总局责令永久关闭"内涵段子",文化和旅游部组织对花椒直播、六间房、熊猫直播、斗鱼直播、虎牙直播等 30 家网络表演平台开展了集中执法检查,排查出危害社会公德、宣扬暴力等禁止内容类问题 190 处,涉及直播间 110 间。

在新时代,规范化管理网络直播可以说是任重道远。清华大学法学院院长王振民

38

表示,网络世界本应与现实世界一样受到法律约束,但目前网络乱象丛生,明显缺乏监管,网络上显示出的法律意识淡漠让人心惊。网络的迅猛发展带来的一系列问题,是每个国家都面临的新课题。在保证网民享有正常的言论自由权利的同时,也要保护网民不受负面信息影响,有法律规制约束,这是一种相辅相成的格局,需要网络立法的进一步完善。

中国社会科学院法学所宪法与行政法研究室主任研究员周汉华表示,改革开放以来,我国制定了大量的法律和行政法规,但涉及互联网管理的法律法规只占1.5%左右,这就导致很多网络问题无法可依。加强网络立法的首要意义就在于:首先,可以为公民在网络上行使自己的权利,保护自己的合法利益提供法律基础;其次,有利于政府机关依法管理网络。把网络管理纳入法制化轨道,可以说是依法治国、建设社会主义法治国家的内在要求,也有利于提升网络秩序和提高政府管理网络的能力。

一、网络直播兴起的隐患危机

当前我国互联网科技在世界高科技领域成功实现"弯道超车",互联网让民众感受到科技带给生活的非凡体验。但是,一些违反道德的言论行为在网上快速传播,对我国构建和谐网络环境带来干扰和破坏,这些信息内容挑战我国社会主义核心价值观,不利于我国网络环境的管理和整治。引导网民在网络上合理表达思想情感,净化网络环境,使网民在网络上的思想言论更趋于理性和规范,有助于提升我国网络环境治理能力、传播正能量,有利于促进全社会道德水平整体提升。

网络作为信息传播新途径,颠覆了传统信息传递形式,在人类传播史上具有革命性意义。网络世界消除了人与人之间的物理距离,即使远隔万里、素昧平生,彼此通过网络也能顺畅交流沟通。对广大网民来说,网络为他们提供了更多表达、参与、展示的机会,是网民参与网络文化的重要途径。与此同时,网络也带来一系列的问题。

草根文化衍生的不道德行为。当前"网红"现象充斥众多社交网络平台,由于门槛低、成名快,借助网络资源所提供的平台和机遇已成为一些人展现自我、网络表达的捷径。从当前"网红"泛滥现象来看,其中有一些网络表达能带给网民正能量,如志愿者、励志、公益活动等对大众带来鼓励和鞭策的作用极大;但也存在为了名利不惜突破道德底线、背离传统道德底线的做法,这些吸引网友关注的行为,让一部分"草根"成为"网红",但明显与充满正能量的道德素养相背离,导致网络表达环境混乱。

网络营销与虚假消息传播。微信是当前最普遍的移动网络社交平台之一,微信"朋友圈"是一个汇集圈内朋友状态、各类文章信息,提供交流沟通的平台,是一个属于圈内人的"公共场所"。正因如此,这个平台也被"有心人"发掘出无限的资源能量,呈现出不同的生态环境。这其中包括利用"朋友圈"中熟人关系进行商品营销、网络投票等。由于网络监管尚不完备,很多传播的信息没有经过确认,存在虚假欺骗等现象。这种现象的泛滥使诚信受到质疑,是造成网络信任危机的根源,不利于网络环境的治理。

网络游戏的负面影响。当前网络文化发展迅速,网络游戏更是网民喜闻乐见的娱乐形式之一,令无数人沉迷其中。网络游戏世界的光怪陆离对涉世未深的青少年具有极强的吸引力,在青少年群体中,与其有关的一切已成为他们热衷参与交流的话题。而一些游戏开发者为吸引网民参与以创造更多经济价值,将大量不道德内容掺杂其中,影响了网民的道德认知和价值取向。长此以往,会导致网民道德价值观扭曲,给社会稳定发展带来隐患。

而兴起的网络直播中的道德背离,更是带来一系列严重后果。网络直播最初是指通过直播网络进行学习,并能与网络主播进行对话交流互动,深受大众喜爱。由于这种网络活动中蕴含的影响和商机,越来越多的商家和个人投身网络直播,快速积累财富和人气。这就造成网络直播内容质量分化、道德修养不齐,价值观更是千差万别。一些网络主播在金钱诱惑下,为获得观众点击打赏,以涉黄、丑陋表演等低俗方式登场。这类不顾自身形象和社会影响的行为,污染了网络空间,违反了道德准则,给网民思维和社会风气带来不良影响。

(一)网络直播的现状

随着移动互联网的迅猛发展以及智能手机的普及,我国网民数量迅速增加。近年,网络直播作为一个新兴的产业在中国高速发展,互联网直播平台也成了中国互联网产业的重要组成部分。但作为网络文化新兴产物,网络直播尚未形成科学合理的正式概念。从狭义角度来看,网络直播是新兴的高互动性视频娱乐方式,通常是主播通过视频录制工具,在互联网直播平台上直播唱歌、竞技游戏等活动,而观众可以通过弹幕与主播互动,也可以通过虚拟道具进行打赏。不过随着网络直播的发展,直播表现形式已由传统的竞技游戏扩展至歌曲演绎、舞蹈表演,甚至吃饭、健身等生活的方方面面都已成为直播的内容。从网络直播的内容角度分析,网络直播可分为秀场类直播、游戏类直播,以及新诞生并迅速崛起的泛生活类直播。

据中国互联网数据中心最近发布的数据显示,目前中国的网络直播用户数已达3.44亿人,占到网民总数的47.1%;直播行业的规模也在飞速增长,截至2016年年底,国内共有直播平台200多家。而据方正证券预测,到2020年,网络直播市场规模将达到600亿元。网络直播的指数型发展态势,已使其成为一种新兴的网络文化产业。

遗憾的是在行业发展的同时,网络直播的问题也开始凸显。网络主播素质良莠不齐,部分主播为了博人眼球,违法行为屡见不鲜;某些直播中涉及暴力、色情等内容,而此类行为却渐渐演变成一些平台和主播吸引流量的手段,且有越演越烈之势……网络直播行业盈利模式的不成熟、运营平台及职能部门的监管缺失、直播者自律性不强等因素导致了网络直播的乱象。

此外,网络直播违法犯罪现象呈逐年上升的趋势,违法犯罪形式也不断推陈出新。就整个社会而言,对于网络直播违法犯罪的关注度和重视度远低于多发性侵财等传统犯罪。为解决网络直播违法犯罪防控措施相对较少且落实不到位的管理缺陷,维护良好的网络环境,促进网络直播产业的健康发展,亟须进一步对该行业违法犯罪问题进行治理和打击。

(二)网络直播的特点

1.即时性

传统的网络视频播放平台都有着审核制度,保证了节目质量,也保证了节目的内容合法性。网络直播与网络视频播放平台有着本质的不同,其节目内容是实时传送给观众的,这就使得网络直播的内容难以用事前审查的方式进行监管,通常违法行为发生之时其传播已经变得不可控制。

2.互动性

网络直播的互动性体现在弹幕文化当中。作为一种亚文化,弹幕在网络直播中实现了文化生产消费的有机循环。观众不仅可以把弹幕作为表达的工具,还可以通过弹幕与网络主播进行交流,也可以通过弹幕与其他观众进行交流。而观众与主播之间交流的存在,使得观众的不当行为有可能构成违法甚至是犯罪。例如,在网络直播过程中,观众以弹幕为工具对主播进行教唆是现实存在的。

3.内容的多样

网络直播的兴起与电子竞技的发展密不可分,起初网络直播的内容多以竞技性电子游戏为主,很多游戏主播也在网络直播中获得了丰厚回报。但随着越来越多的人开始从事网络直播行业,网络直播的内容也变得多样化。主流网络直播平台的直播内容大多包含游戏型、影视型、娱乐型、课程型,这几种类型的直播几乎包含了生活中的全部内容。

4.门槛低

网络直播与传统电台、电视直播存在着非常大的差异。首先,计算机技术的发展使得网络直播技术门槛变低。这也是短时间内各类直播平台如雨后春笋般涌现的原因。其次,互联网技术使得主播的从业门槛变低。高速网络的普及让普通人使用高清视频进行直播得以实现。再次,主播的注册门槛较低。网络直接平台对于主播的审核认证并不严格,这就使得网络主播鱼龙混杂,直播内容也是良莠不齐。最后,网络直播的收看门槛低。我国并没有分级制度,任何人都可以收看网络直播平台的内容,任何人都可以通过平台对主播进行打赏,所以出现了各类未成年人花父母积蓄来打赏网络主播的新闻。

(三)网络直播中违法行为主要类型

网络直播行业日渐繁荣的背后,无法掩盖的是与之伴随而生的行业乱象。在拜金主义、享乐主义等腐朽思想的影响下,部分网络主播为了获得关注度,无所不用其极,言论、行为毫无道德底线。例如,斗鱼平台爆出的"直播造人"事件,引起网民、社会的强烈关注,舆论哗然。此外,部分网络主播为获取观众虚拟礼物,常以暴露着装、挑逗言语、走光行为来赚取虚拟财产,致使网络直播中淫秽色情内容泛滥。而网络直播吸毒、斗殴等涉及刑事犯罪的现象也时有发生。负面事件屡次曝出将网络直播推到舆论风口,网络直播行业中大量触碰道德和法律底线的现象应该引起人们的警觉和关注。

1.直播内容违法

网络直播之所以广受媒体诟病,是因为其内容低俗化、庸俗化。网络直播平台当中的很多栏目都以美女为主打,打开任何一家网络直播平台的网站,这类"软色情"表演都有着很高的人气。在未建立完善分级制度的中国,直播平台本应加强对这类内容的主播以及观众的监管,但是平台却为了人气和其所带来的网络流量,默认甚至有意纵容主播的行为。在《互联网直播服务管理规定》实施之后,此类现象仍然不能禁绝。

另外,网络直播内容侵权也是另一个重要问题。网络直播作为新兴事物,当前的法律并没有将网络直播涵盖其中,这也使得网络主播以及直播平台心存侥幸。以上海知识产权法院审理的耀宇公司诉斗鱼一案的判决结果来看,电子竞技赛事的直播权受到我国法律保护,然而众多网络平台对于电子竞技赛事的播出仍然没有严格的限制。直播内容中的部分电子游戏并没有在我国境内销售,此类游戏直播仍然游走在法律的灰色地带。网络直播内容侵权还体现在网络主播表演音乐作品当中。网络主播通过表演收取观众的打赏,这种行为应当被视为商业性表演,按照我国著作权法的相关规定,主播们对于歌曲的表演应当受到著作权人的许可,然而主播们并没有这个意识。针对直播衍生物,即广告植入等行为而言,其中有涉嫌利用网络直播平台销售假冒伪劣产品或假冒他人注册商标、专利的产品等行为。据统计,人气度高、粉丝众多的主播会在直播时为商家植入广告,还有部分主播直接开设淘宝店,向粉丝宣传其店铺及商品,引导观众购买而获利。而此种宣传、引导乃至销售的行为,均有涉及销售假冒注册商标商品、利用他人已注册商标进行宣传、擅自标注他人专利号等侵犯知识产权的行为之嫌。

2.对他人权益的侵犯

人格权是我国公民的基础性权利,我国宪法明确规定公民人格尊严不受侵犯,同时刑法和民法等多部法律也对公民人格权作出了保护规定。当前,网络直播真人秀场的场景和人物不限于室内和主播个人,透过直播平台时常能够窥探其他公民的行为,及其家庭生活场景或办公环境,直播内容难免存在涉及侵犯公民人格权的问题。网络主播未经他人允许,利用非法途径对他人私密信息与生活进行侵扰、曝光和利用,侵犯了他人的肖像权和隐私权。

2016 年 2 月某斗鱼女主播,夜闯重庆大学女生宿舍进行网络直播;同年 12 月,安徽省灵璧县某浴室,女主播沈某直播澡堂内洗浴情况,曝光大量女性洗浴场景;2016 年 11 月,四川成都某男子在快手上直播遗体火化过程,并称"快来烤火"。某知名网络直播平台主播曾经携带无人机进入大学校园,在女生宿舍附近将无人机升空,直播偷拍宿舍。该直播间人气暴增,有网友通过弹幕要求将镜头拉近,主播随即将无人机悬停在某宿舍窗外,将镜头转至宿舍内,屋内的场景清晰可见。网络主播这种将他人隐私暴露在公众视野当中的行为,无疑是对他人隐私以及肖像权的侵犯。

3.弹幕言论的失控

弹幕作为一种新鲜的事物,很多人忽视了其评论区其实是一种网络公共空间,其内容应当与论坛评论、微博等网络社交平台的言论一样受到监管。但是在网络直播中,这种监管却被网络直播平台忽略了。监管的缺失导致网络直播的弹幕当中充斥了各种粗俗、暴力的语言,同时存在着各种虚假信息。

4.网络直播的经营行为的违法

网络直播有着独特的盈利方式,其盈利一般依托网络直播平台的经营者售出的虚拟礼物。网络直播经营者为了使收益最大化会采取一些非法手段来促使消费者进行消费,例如在网络直播平台上借助电子竞技赛事进行投注等赌博手段吸引直播用户进行充值。此类经营行为恐涉及赌博罪、非法经营罪,如果将虚拟礼物作为洗钱或者掩饰隐瞒犯罪所得的手段,更是难以对犯罪所得进行追缴。

(四)网络主播所涉及的违法犯罪风险

1.涉及非法代言、发布虚假广告

网络直播普及的同时,也创造了丰富的商业价值,给网络主播带来了巨大的经济利益,通过网络直播代言广告已成为热门主播的重要谋生手段。但网络直播代言广告是否合法,仍有待商榷。

2015年9月新《广告法》实施以来,对广告代言人、广告内容细则、虚假广告等都进行了严格规制。剖析新法规定后不难发现,网络直播过程中,网络主播进行广告代言属于利用社交媒体为商品或者服务进行推荐、证明,同样也受新法的约束。其法律义务主要有:一是不得推荐、证明医疗、药品、医疗器械广告;二是不得推荐、证明保健食品广告;三是不满十周岁的未成年人不得做广告代言;四是对未使用的商品或未接受过的服务不得代言;五是不得明知或应知广告虚假仍作推荐或证明。

广告代言人违反法律规定,除了会承担行政责任,还会因虚假广告承担民事责任,根据情况严重程度甚至会承担刑事责任。

2.涉及逃税、漏税

网络直播产业化,产生了庞大的网络直播从业人员,网络主播在其中占据核心地位。网络主播表现好坏,直接决定直播收益。各类不同价位的虚拟礼物、直播广告代言、线下演出等渠道均给网络主播创造了丰厚的经济利益。网络主播个体、网络直播平台等其他产业人员,缴税意识不强,地方税务部门征税缺乏法律依据,使得许多主播成为税收的"漏网之鱼"。如2017年3月北京市朝阳区地税局披露,某网络直播平台于2016年支付网络直播主播工资达3.9亿元,但未按规定代扣代缴个人所得税,造成大量税收流失。税收是国家调控经济运行的重要手段,逃税、漏税将给国家与地方财政带来巨大损失,也对其他社会公众造成不公,更是一种违法犯罪行为。

(五)大学生参与网络直播存在的主要问题

作为互联网"原住民"一代,青年大学生几乎是无人不网、无日不网、无处不网,青年学生思想领域的很多问题,也往往因网而生、因网而兴、因网而增。习近平总书记指出:"做好高校思想政治工作,要因事而化、因时而进、因势而新""要运用新媒体新技术使工作活起来,推动思想政治工作传统优势同信息技术高度融合,增强时代感和吸引力"。①网络直播作为一个新生事物,发展势头迅猛,在丰富人们文化娱乐生活的同时也带来诸多问题,尤其是当前大学生群体的网络直播行为更加值得关注,其主要问题集中在以下四个方面。

1.过于沉迷直播,影响正常的学习和生活

直播平台不仅能够为主播带来丰厚的收入,也能为主播提供一个展示自我的空间。

---

① 《习近平:把思想政治工作贯穿教育教学全过程》,http://www.xinhuanet.com/politics/2016-12/08/c_1120082577.htm。

因此,直播主播的工作备受关注,也吸引着越来越多的大学生进入网络主播的队伍。然而,一部分大学生在网络直播的吸引下过度地使用和沉迷于网络直播,导致出现了不顾时间和场合的直播行为,并出现了为了直播而忽视正常的学习和生活的现象。据《花椒直播年度直播大数据》显示,用户最活跃的时间为 22:00,这使得大部分主播选择的直播时间较晚。且为了更好地增加粉丝黏度,许多大学生会每天长时间,譬如每天花费八九个小时,进行网络直播。对于在校大学生而言,这会严重影响学生的生活作息规律和学习效率。

2.内容存在低俗倾向

由于网络直播的竞争压力巨大,为增加粉丝流量和粉丝黏度,从而获得经济利益,部分大学生主播不惜违背行业规则和社会公德,直播一些大尺度的内容,在直播间里穿着裸露、跳艳舞、爆粗口、肆意攻击他人等。有些大学生主播甚至为了吸粉去整容。

3.竞争存在隐性暴力

调查显示,部分大学生在未对网络直播做充分了解的前提下,随意踏入网络直播平台,在直播平台进行注册,造成个人信息泄露。此外,在"流量商业"潮流下,在"粉丝量为王"的直播平台体系中,各主播、平台为争夺粉丝资源,恶性竞争,相互诋毁,甚至是主播间互相人肉,违反道德底线。网络直播作为新生事物,直播行业尚未出台相关法律法规,致使平台监管不力,网络暴力频现。在主播+粉丝的模式下,一个房间就是一个小群体,在众多小群体当中非直接网络暴力现象时有发生,表面上看起来平静的直播行业实则暗流涌动、危机四伏。

4.监管存在"真空地带"

网络技术高速发展使得网络直播打破了设备和地域限制,使"随播"成为可能,只要打开手机,网络直播就能随时随地进行,便捷的网络直播行为很容易出现网络监管的"真空地带"。在监管盲区里,任何可播或不可播的事物都被主播嵌入直播平台,只要是能吸引眼球的新鲜素材都会呈现在屏幕上。如何在泛娱乐化的网络直播平台下,引导大学生保持清醒的头脑,成为高校乃至社会下一步亟待关注和解决的课题。

二、抖音、快手背后的假乱流毒

"像一棵海草海草海草海草,随波飘摇……"每天晚上寝室熄灯前,"00后"小陆都会躺在床上,打开抖音,频频用手指滑动和点击,不时笑出声来。这代表了时下不少年轻人的生活状态。

2018 年,快手、火山小视频、抖音先后爆发,吸引普通人用短视频的方式分享自己有趣的生活。快手一跃成为拥有 7 亿用户的超级 App,抖音也成为现象级产品,日活跃用户数达到 6000 多万。伴随着火爆流量的,是由此产生的诸多问题。

目前,不管是抖音,还是快手等,都面临内容监管的"盲区",内容审核机制不健全,审核力度也不够。那些在道德边缘游走的内容,时时刻刻挑战着法律和道德的底线。快手用户王某某,因为分享 17 岁妻子产子内容,竟然一跃成为"大 V";一名武汉男子模仿抖音视频"拉起孩子翻转 180 度"时,突然失手,两岁女儿一头栽在地上,脊椎严重受损。更有不少青少年沉迷抖音不能自拔。江苏无锡一位小学生,因为家长限制看抖音的时间而离家出走,躲到空置的拆迁房里看抖音;杭州某小学三年级的女生,甚至在抖音上成了"美妆博主",展示如何使用口红。

内容新鲜有趣、素材"接地气"、时间短、随时随地可以看,这些元素让短视频迅速成为当下许多年轻人精神生活的一部分。正如浙大一院精神卫生中心医生胡健波指出的,抖音等短视频软件对用户尤其是青少年的负面影响绝对不能忽视。一些不正确的观念,比如炫富等,会对青少年造成误导。为博取广告收入,一些视频平台打着"算法中立、机器推荐"的旗号,不但不制止违规账号的行为,反而重点推送、置顶显示低俗内容。

正因如此,2018 年 4 月初,国家网信办接连给快手、火山小视频两家视频平台开出巨额罚单和用词极其严厉的整改要求。4 月 10 日,国家广电总局发文,责令内涵段子客户端软件和相关公众号永久关停。就在同一天,抖音被约谈,正式上线了防沉迷系统,第二天,抖音又将 App 所有评论关闭。

2018 年 4 月 12 日凌晨 4 点,今日头条创始人张一鸣发公开信道歉,表示产品走错了路,出现了与社会主义核心价值观不符的内容,没有贯彻好舆论导向,接受处罚,所有责任在自己;未来会将正确的价值观融入技术和产品,强化总编辑责任制,全面纠正算法和机器审核的缺陷,不断强化人工运营和审核,将现有 6000 人的运营审核队伍扩大到 1 万人。

在连续的约谈和问责压力下,今日头条低头认错。明星产品抖音不仅上线防沉迷系统,还暂停了直播和评论功能。虽然今日头条站在风口浪尖上,快手想来也是如坐针毡。因为监管刀锋所向,是短视频这个行业的普遍问题。

数据显示,2017 年我国短视频市场规模达到 57.3 亿元,同比增长 183.9%。2018 年以来,短视频红得发紫。但在如排浪般涌来的监管面前,似乎红得快,黄得也快。

流量的爆发式增长,内容提供方就会出现分化,就有在低俗、猎奇、不雅以及违反公序良俗方面拉低底线的冲动。平台管理方囿于现实利益,自律不力,疏于管理,不肯投入,终于导致短视频"登高必跌重",在内容方面迟迟过不了监管的关。

"记录美好生活"的抖音和"记录世界 记录你"的快手,没有保住自己的人设。这场短视频的人设危机,在监管发力之前就有征兆。一直以来,舆论就对短视频的娱乐化内容颇有微词,言辞激烈者甚至斥之为"垃圾"。通过算法,直抵人心,绕过价值观,放大感官刺激和依赖,这是一门赚钱的生意,却未必是一门道德的生意。

而在整个短视频内容传播的过程中,最应该关注的还是青少年群体。青少年是祖国的未来,如果他们在价值观形成过程中无法得到良好的引导,后果不堪设想。

央视新闻曝光某些短视频、直播平台的热门视频里,频繁出现未成年人禁忌视频。一些十几岁的少女,在平台上公然炫耀自己的早孕。她们中有人才 14 岁,已经是二胎妈妈;有人晒出自己的孕照,称 15 岁就和宝爸"结婚",年龄不够就没领结婚证;有人晒出自己和"老公"的合影,称"老公"1988 年出生,自己 2000 年出生,宝宝 2017 年出生;还有人兴高采烈地告诉粉丝,自己今年只有 14 岁,但"宝宝还有 62 天就出来了"。在快手整顿之前,类似的"00 后"宝妈,一搜就是一堆。她们晒孕照,晒验孕棒,晒医院产检书,乐此不疲,一波接一波。这种怪诞而可悲的景象,令许多人误以为未成年怀孕已成潮流,正在暗中汹涌。而且这些"00 后"妈妈并未觉得不妥。她们在直播里炫耀幼年生娃、早早为人母,享受着粉丝们的叫好与跟从。只是,走在这条路上的少女们,从来不曾真正了解这种无知行为背后的风险与代价。

不仅如此,短视频还会让孩子们失去专注力和思考力。人类是视觉动物,人生来就会听、会看,而读写技能,却需要经过多年教育才能掌握。无法长时间地集中精神,缺少对某个问题深入持久的了解和思考,这似乎已经成了手机操控下的现代人的通病,专注状态正变得越来越难得。一款类似抖音的 App,背后都是一个强大的运营团队,有着专业的消费者行为学作支撑,用前沿的科技、详尽的数据,通过声、光、交互、反馈等全方位途径,在各种心理学、行为经济学、认知神经科学等理论指导下,精心打造——目的是什么?为了创造一个虚拟空间,来消磨你的时间。它带来的满足感太容易获得,而一旦习惯了这种唾手可得的满足感,就不愿再去做那些高投入的事情了。比如在高度自律的状态下完成作业、思考问题。

有些青年学生会抱侥幸心理:不就是上短视频看个笑话吗?不至于吧!要知道,当大脑长期被这种"高刺激阈值"包围,习惯了轻而易举地获得大量愉悦感时,就会慢慢对这种愉悦感脱敏。久而久之,这种强度的愉悦感已经满足不了,还会需要更高强度、更持续、更深入的刺激。相对而言,愉悦感更少、付出更高的行为,比如学习、阅读、思考,自然也就没有人愿意去做了。

此外,抖音、快手已成为电商、微商之后一大假货销售基地。阿玛尼、迪奥口红,35元一支;LV 双肩包,430 元;二手 iPhoneX,3500 元;崭新保时捷 911,20 多万……现在的抖音、快手上,只要你能想到的东西,全都有卖,而大部分产品都没有经过相关部门的检验检疫。在这些短视频平台上,主播都会在个人说明上面注明微信号,甚至会在直播时告诉大家如何制作食物和化妆品,再贴上一些虚假名牌的标志或是手工作坊的标志,买家通过添加主播微信进行交易转账与快递。这条灰色产业链逐渐形成。以口红制作为例，只需要在网上购买色粉、蜂蜡、香精等材料，就可以随意制作任何的"大牌口红"，1块多的色粉能做大约6支口红。不管是纪梵希还是阿玛尼，迪奥还是YSL，那些我们熟知的国际大牌化妆品的气垫、粉底、口红都可以这样造假。作坊主兼主播们一边"教学"，一边售卖着自制的"大牌化妆品"，成千上万"不明真相"的网友甚至还在点赞叫好。在抖音"推荐"中，有一位名为"XX手作彩妆"的用户发布了一段自制腮红视频，该视频描述为"腮红界的颜值担当"，已获超6万人点赞。视频中的容器与某化妆品牌的一款"网红"腮红极其相似，而在该品牌官网上这款腮红的售价约为600元。对于学生而言，暂时没有足够的经济实力，但又渴望拥有这些"大牌商品"，自然就成了此类三无产品的主力买家，其中危害不言而喻。

防止青少年沉迷其中，为他们提供优质的内容，需要各方面共同努力。正如胡健波所说，家长、老师应该疏堵结合，在限制孩子使用时间的同时，利用好短视频软件，让它强化孩子好的行为；家长、老师也应该以身作则，自己不沉溺其中，并给孩子提供丰富的精神生活替代品；各大平台应该承担起应有的社会责任，推出内容分级，完善防沉迷系统。社会各界应做好舆论监督，一旦发现违法、低俗内容，坚决举报，不做看客、不留言转发、不叫好评论。

三、重拳打击网络乱象还需建立长效机制

（一）我国网络直播监管现状分析

1. 网络直播监管法律体系现状

在谈论网络直播相关法律时，网络直播所涉及的主体是绕不开的问题。网络直播包含着三个主体：首先是网络直播服务提供者，他们就是各类网络直播平台；其次是网络直播内容制作者，他们不仅包含着网络主播也包含着网络直播节目的摄制者、策划者等；最后还有网络直播的收看者。所以，针对网络直播的法律规制并不能由一部或几部法律完成，其涉及的法律覆盖了刑法、民法、经济法、行政法等诸多法律部门。另外，各类规范性文件也是监管的重要依据。

2002年，中国互联网协会发布了《中国互联网行业自律公约》，它对从事互联网相关服务的开发、生产者的责任和义务作出了详细规定，对互联网信息服务者制作、发布或传播信息的过程也作出了具体规定，在中国互联网监管历程中具有里程碑式的意义。2007年，国家广电总局公布了《互联网视听节目服务管理规定》，对从事互联网视听节目

服务的条件作出了严格限制，"从事互联网视听节目服务，应当依照本规定取得广播电影电视主管部门颁发的《信息网络传播视听节目许可证》"。

近年来，随着网络直播迅速蹿红，种种乱象也倒逼着监管跟进。为了应对网络直播带来的监管新挑战，相关部门纷纷出重拳来整治不正之风。国家广电总局重申相关规定，开展网络视听节目直播服务的平台应具有相应资质，直播平台和个人必须持"许可证"上岗；公安部开展了网络直播平台专项整治行动，关停查处涉黄、涉暴直播平台；文化部明确了网络直播表演者为直接责任人，今后网络直播将实行随机抽查。

此外，一系列法律法规或行政规定出台，例如《关于进一步加强网络剧、微电影等网络视听节目内容审核的通知》《关于加强网络视听节目直播服务管理有关问题的通知》《关于加强网络表演管理工作的通知》《互联网直播服务管理规定》等，明确要求互联网直播服务提供者应具有资质许可并在许可范围内开展活动，不得利用直播从事危害国家安全、扰乱社会秩序、传播淫秽色情等法律法规禁止的活动，为维护正常网络传播秩序，促进网络直播行业健康有序发展提供了制度保障。备受关注的《网络安全法》于2016 年 11 月 7 日由全国人大常委会表决通过，从 2017 年 6 月正式施行。作为我国首部网络安全法规，《网络安全法》的出台标志着我国"维护网络空间主权和国家安全"战略的推进以及互联网安全环境建设政策力度的不断加强。

但是我国与网络直播相关的法律仍然存在着问题。首先我国相关立法层次低，并没有针对性的法律出台。尽管《互联网直播服务管理规定》对网络直播各方面都作出了规定，但是其本身 20 多条笼统的条文限制了其作用，这部管理规定难以担当规范一个行业的重任。另外，上文中列举的种种规范性文件出自不同的监管部门，各监管部门之间的职权并不明确，所以各类规章、文件的标准不同甚至有着冲突，权力时有重合时有空白，使得监管难度变大、可操作性差。

2. 网络直播监管机构现状

《互联网信息服务管理办法》规定："国务院信息产业主管部门和省、自治区、直辖市电信管理机构，依法对互联网信息服务实施监督管理。新闻、出版、教育、卫生、药品监督管理、工商行政管理和公安、国家安全等有关主管部门，在各自职责范围内依法对互联网信息内容实施监督管理。"具体到网络直播监管方面，国家网信办发布的《互联网直播服务管理规定》明确网络直播由国家互联网信息办公室监督管理，地方互联网信息办公室依据职责进行本行政区域内的监督管理工作，国务院相关管理部门依据职责实施相应监督管理。

2016 年 3 月，全国"扫黄打非"办公室开展了"净网 2016"行动，在公安部、工信部、文化部、国家网信办、新闻出版广电总局等多部门协调下，深入打击网络淫秽色情等信息，对网络视频、网络直播平台进行了重点专项整治并取得了良好成效。由此可见，多主体、多部门、多层级形成的监管合力构成了我国网络直播监管的格局。

3. 网络直播监管技术现状

在国家网信办发布的《互联网直播服务管理规定》中,不仅对网络直播内容、直播资质作出了限制,同时还对互联网直播服务提供者的技术监管能力提出了要求,要求直播平台"具备随时阻断网络直播的技术能力",并由专人实时监控直播评论和弹幕。网络直播监管技术分为检测技术和控制技术。因为网络直播过程中会产生巨大的流量,目前,我国网络直播平台普遍采用了流量监控技术,对流量进行获取和识别并进行特征分析。相关技术公司推出了一些检测方案,如内容检测技术,可以识别并抓取视频关键帧画面;直播视频鉴黄技术,可智能识别色情内容;基于大数据分析的人脸识别技术,能够提高主播实名认证效率。不同的监管方案均可以帮助网络平台应对监管技术问题,但是由于直播检测具有比较大的难度,需要长期的技术研发投入才能够有效实现网络直播内容的监测和过滤。

4. 网络直播平台自律监管现状

为了更有效地遏制网络直播行业乱象,促进行业良性发展,2016 年 4 月开始,各大直播平台联合发起"网络直播自律联盟",旨在倡导直播平台高度自律,净化网络直播环境。在北京地区的《北京网络表演(直播)行业自律行动公约》(以下简称《公约》)中,对主播实名制、直播内容存储时间、违规主播名单通报等事项进行了明确规定。在《公约》发布后,各直播平台迅速履行办网主体的责任,落实公约要求。陌陌、秀色、六间房等直播平台在《公约》发布一个月内完成了主播实名认证、直播内容储存 15 天等要求,并配备视频审核人员对视频进行"7×24"小时的监管,针对直播中涉暴、涉黄、涉毒内容建立了突发应急机制,自律监管取得了一定成效。可以看到,在行业违规行为频现、亟待规范的关键时刻,网络直播企业自发结成联盟,共同协作,通过管理和技术经验共享、互相监督等方式,力求实现行业监管水平的整体提升,消除直播乱象,促进直播行业的良性发展。在这一过程中,企业的责任感和价值观得到彰显,行业自律监管机制也在逐步形成。

(二)净化网络表达乱象的路径

1. 提高网民道德认知能力

网民的觉悟和道德素养,对其在网络中的言行举止有着深刻影响,网络中的道德乱象突出体现了其对道德认知的缺失,因此需要加强道德素养教育。每个网民如能知法守法,遵守道德标准,在网络中展现自身道德素养,整个网络中的道德乱象必将大为减少,会形成充满正能量的网络生态环境。要做到这点,一方面需要网民从中华传统文化中汲取道德营养,特别是感受蕴含在传统文化典籍和民俗中的道德理念,以自身素养在网络中表达道德正能量;另一方面,要强化网民的社会公德行为和认知能力,使其无论在线上线下都能对道德操守做到秉承一致,善于明晰现实和虚拟世界中的思想行为,而不是只停留在事物表面,在网络上不片面表达、宣泄情感,进行多方面衡量。

网络信息具有即时传播的特征,在网络表达传播过程中往往会因传播者思想道德和理解不同,发生对原信息内容的曲解。因此,需要网友的网络表达有道德意识,自觉维护网络环境秩序。在网络环境下,网络表达要体现道德原则,坚决抵制各种有违道德、触犯法律的网络行为,网络表达以体现知识内涵、道德深度为主体意识。网民要从自身做起,严格束缚自身行为,提高整个社会群体道德风尚意识,为净化网络环境贡献力量。

2.健全完善互联网法律法规

互联网法律是为应对复杂的网络环境而制定的,是净化网络、维护国家社会稳定、保障公民权益的法律规定,在网络世界里具有强制性特征。由于网络功能增多,相应违反网络法律的行为也在增多,一些不道德的网络行为虽未触犯法律,但因其模糊的法律意识,在社会上造成不良影响,干扰了网民在网络表达中对道德主体认识的理解。要不断根据网络发展制定和完善相关法律法规,对网络文化进行有效引导,使网民在网络空间中自觉遵守相关法律,提高网络表达道德水准的主体意识,净化网络环境,引导人们以健康向上的方式进行网络表达,提高整个网络环境的健康水平。

虽然现阶段网络直播在行业自律的约束下违法行为逐渐减少,但是单纯依靠这种行业自律难以实现完全净化网络直播环境的目的,建立一个完善的法律监督体系才能够进一步防止直播中违法行为的产生。首先,应当提高相关法律的立法层次,这样才能够提高违法人员的违法成本,从而起到从根本上遏制网络直播违法的作用。对违法网络直播平台不仅要没收违法所得,并要处以数倍于违法所得罚款,同时停业整顿或吊销网络文化经营许可证;对于违法网络主播,应当没收其个人所得,并处罚款,同时将其列入黑名单,禁止其在一定期限内从事网络直播及其他营业性演出活动。其次,建立完善详细的法律法规体系,这样才能堵住网络直播的法律漏洞,减少各类"擦边球"形式的违法行为。明确责任主体,由于网络直播违法犯罪涉及领域庞杂,针对其违法犯罪问题,必须明确责任到各职能部门,如涉黄、涉毒等违法犯罪由公安机关负责查处,危害社会公德等行为由文化部门负责监管。明确管理部门责任,为其监管、执法提供法律支撑,并促进其积极履行监管和查处,也避免了部分职能部门想管理而无从下手的局面。同时,应当注意确立"实际控制,先理为优"的原则。当多个职能部门之间出现管辖冲突,对同一网络直播问题都享有管辖权时,若某职能部门已经进行查处,则默认该方优先享有查处的权利,待其处理完毕,再履行责任。最后,还应当加快完善网络直播分级制度,设立专门的信息监督机构或以立法方式对网络直播内容进行分级管理。

当然,在立法中要注意平衡多方利益关系,既要严格管理又不能过于限制其发展。

3.切实加强网络直播行业的自律性,增强网络平台管理的责任担当

网络直播活动在监管过程中存在大量技术难题和其他执法困境,因此,依托网络直播行业自律,不仅可以降低行政规制的成本,也使监管更具针对性和专业性,利于全面地构建监督体系,促进整个网络直播行业的良性发展。

第一,要明确行业的主体责任。网络主播要明确,不得利用网络直播从事危害国家安全、破坏社会稳定、扰乱社会秩序、侵犯他人合法权益、传播淫秽色情等法律法规禁止的活动,不得利用网络直播制作、复制、发布、传播法律法规禁止的信息内容。第二,要提高准入标准,完善盈利模式,对直播者加大审查力度,实行依法持证上岗,全面实行实名制上岗。第三,建立网络直播"黑名单"和"警示名单"制度,通过信用惩戒机制约束网络直播平台和主播的行为,加强行业自律。第四,构建监督举报制度。网络直播平台上的观众发现不当的直播行为时,须向平台管理员举报,并以此为基准,获得相应奖励。网络主播之间也应当形成良性的监督,相互监管,良性竞争。第五,互联网平台日趋丰富,在形成多元化网络生态环境、创造效益的同时,也应对净化网络环境有所担当。

当前网络表达乱象滋生,与网络环境中某些网络平台缺乏有效管理有直接关系。要加强网络平台监管力度,增强责任意识,对监管内容细化处理,尽量做到杜绝道德乱象发生,不给负能量信息以传播机会。各网络平台要主动担负起净化网络的职责,做好自身网络平台维护,对不合规范的网络行为作出迅速反应。要改善行业竞争环境,应鼓励成立网络直播行业协会等组织,制定相应的行业自律规范,加强对网络直播行业中低俗行为的约束,管理各个平台间的不正当竞争,规范行业规则,完善行业结构。各直播平台应注重打造自身特色,强调差异性和塑造良好的用户体验。同时,网络直播平台还应当对平台的注册观众进行实名制注册,对不同年龄层次的观众进行差别化管理,针对不同层次的观众推送不同的直播内容,以此保护未成年观众的权益。各直播平台也需不断完善平台与主播之间的劳务分配关系,创造良好的行业环境。

4.加强新闻媒体报道,增强网民防范意识

网络直播违法犯罪现象之所以泛滥,与广大网络主播和直播观众法律意识薄弱存在很大的关系。部分观众为满足畸形需求,通过赠送高额虚拟礼物的方式,引诱网络主播作出违法犯罪行为。网络主播妄图不劳而获或满足虚荣心、刺激感,不惜触碰法律红线。因此,社会各部门尤其是网络新闻媒体,要加大反对网络直播违法犯罪行为的教育和宣传,向广大网民传播正确的价值观,注重对网民遵纪守法意识的培养。政府职能部门应加强与新闻媒体的沟通和联系,充分利用直播预告、网站滚动宣传等途径,及时披

露网络直播违法犯罪的新变化、新特点,反复滚动播出网络主播责任义务、违法举报途径;通过典型案例介绍网络直播违法犯罪的处理结果,以此警示广大网络主播,约束自身网络行为。此外,开展整治网络直播违法犯罪行动时,要广泛宣传,营造声势,提升网民对打击网络直播违法犯罪的参与度和积极性,对违法犯罪分子形成有效震慑。必要时可以让已受处罚的网络主播现身说法,通过切身感悟说理感化、教育潜在的违法犯罪者。

(三)加强对大学生网络直播行为的引导

1. 坚持价值引领,塑造正确的网络价值观

习近平总书记在全国高校思想政治工作会议上指出:"办好我们的高校,必须坚持以马克思主义为指导,全面贯彻党的教育方针。……要坚持不懈培育和弘扬社会主义核心价值观,引导广大师生做社会主义核心价值观的坚定信仰者、积极传播者、模范践行者。"[①]社会主义核心价值观不仅为大学生明确了国家层面的价值目标,同时还明示了社会层面的价值取向和个人层面的价值准则。因此,要坚持以社会主义核心价值观为引领,塑造大学生正确的价值观。

首先,高校要整合相关思想政治教育网络资源,以社会主义核心价值观为引领,利用各种新媒体技术打造丰富多彩的思想政治教育形式,使主流信息和价值观占据绝对优势,力争使外在行为要求内化为学生的道德自觉。

其次,教育者要针对大学生的身心特点,借助网络平台开展丰富多彩的校园文化活动、科技活动和公益活动,努力将学生的聪明才智引导到文学创作、科技创新和公益活动中去,摒弃网络的负面效应,发挥网络的正向教育功能。

最后,发挥校园网络文化的贴近性优势,让学生参与相关网络活动的同时,介入网络日常管理。这样不仅能强化大学生的网络自律意识和道德观念,而且还能提高网络的自我教育功能,强化社会主义核心价值观对多元网络价值观的引领,引导学生树立正确的世界观、人生观和价值观。

2. 强化舆论引导,净化嘈杂的直播舆论场

网络既是大学生与外界交流的渠道,又是大学生交流思想、情感的场所。在网络世界中,信息和价值观多元化共存,这势必给大学生的心理、思维方式、社会行为带来一系列影响。因此,亟待加强舆论引导的力度,树立正确的舆论导向。首先,在网络直播领域涉及的焦点、热点事件上要抢先发声,主动占领舆论高地,明晰价值判断,把握政治导

---

① 《习近平:把思想政治工作贯穿教育教学全过程》,http://www.xinhuanet.com/politics/2016-12/08/c_1120082577.htm。

向,引导大学生群体树立正确的价值判断和行为取向,避免学生群体舆论偏离正确的价值轨道,甚至失控。其次,在微媒体时代,政府部门、主流媒体等要加强网络普法,向大学生施以"散点式"和"集约式"的精准供给,普及网络法律知识,培养法律意识和观念。最后,打造网络直播正能量网红。大学生网红应该"红"在正能量上面,应该成为先进青年文化的引领者,通过网络传播文明,弘扬道德,激励人心。

3. 提升媒介素养,树立正确的网络安全观

新媒体环境下信息的传递和覆盖面逐渐变广,大学生的身心特点促使他们对新鲜事物充满好奇,但他们由于缺少社会阅历,心理不够成熟,对外界信息的判断和选择能力有待提高,容易受到外界的影响,从而产生一些不恰当的行为。因此,提高他们的媒介素养刻不容缓。首先,学校要为学生搭建媒介素养培养的平台,加强思想道德教育和心理健康教育,引导学生客观地认识媒体,提升学生对网络信息的鉴别能力。其次,要引导学生提升自己对不良网络信息的抵抗能力,有选择性地参与网络活动,规范自己的言行,避免出现不文明、不道德,甚至违规、违法的行为。此外,还要对大学生进行网络安全教育,规范他们的网络行为,提高自身网络安全防范能力。

四、结语

随着互联网的发展,网络传播模式经历了"文字—图片—语音—视频"的演进,内容承载方式越来越丰富。网络直播作为一种新型的娱乐社交方式,一经出现就吸引了大量的社会资源和关注度,在游戏、娱乐、体育等领域备受欢迎,未来可能在商务、教育等诸多领域广泛应用并引领互联网变革。目前,由于盈利模式的单一化和相关监管政策的滞后性,网络直播中频现黄、赌、毒、暴等现象,对网络环境产生了不良影响,发展陷入了怪圈。为了引导网络直播行业的发展步入正轨,改善混乱局面,首先就要从监管出发。我国必须要在建设公平有序的市场竞争环境、加强政企合作、提升互联网技术管理水平的基础上,依靠政府部门监管和互联网直播平台自律监管相结合的方式,建立有效的监管体系。网络直播治理是一个综合的过程,监管也是一项系统任务,不能仅仅靠颁布几条禁令来完成。网络直播并不是洪水猛兽,而是互联网行业的新生事物,不应该采取简单封堵的措施。监管时要采取多样性的手段,既要"亮红灯",也要"开绿灯",要保护互联网的发展活力和创新能力,合理的监管和引导有助于网络直播行业建立起高效完善的运行模式并实现蓬勃发展。相信在各方的共同努力下,网络直播行业定能克服发展过程中的种种问题,走向良性健康发展的道路。

教学案例

贫困生贷十几万打赏主播：朋友圈伪装富二代，父母在家吃低保

最近，在北京工作的谢女士向紫牛新闻记者求助称，她的弟弟像走火入魔似的玩起了"土豪游戏"，疯狂给一位住在南京的女主播打赏，已经打赏了十几万元，由于父母贫困，弟弟竟通过校园贷维持给女主播打赏，就像得了妄想症，在朋友圈里故弄玄虚摆出一副富二代的姿态。谢女士希望记者报道这事，一来怀疑有色情直播，希望有关部门能加强监管，二来希望通过曝光让弟弟醒悟。

成绩异常下滑，本该大学毕业却被学校劝退

"我弟弟原本今年 7 月就大学毕业了，可是成绩异常下滑被劝退，好不容易协商，学校同意他降级试读。"谢女士说，最近盘问弟弟情况发现他很抵触，查看他的手机发现，弟弟多次收到一些校园贷款平台的催债短信，弟弟谢诚告诉她是诈骗短信不用管。然而频繁的短信让她生疑，她根据短信提供的电话联系了贷款公司，确认谢诚真的借了贷款。但钱作何用途？谢诚声称用于学习上的花费了，现在家人只得替他还款。

然而，谢女士发现弟弟不仅仅在一个贷款平台借贷，粗略算下来，所欠贷款高达十几万。在谢女士和家人的追问下，他终于承认这些钱大部分都是打赏给某直播间的一名叫琪琪的女主播。

在谢女士的印象中，弟弟一直是一个很乖、不让人操心的男孩子，如今在他的手机社交软件中发现了更多可怕的秘密。谢诚在 2013 年入学哈尔滨某大学，去年 6 月，他因落下太多学分而被学校劝退，但他向家人隐瞒了此事，目前处于降级试读。去年，他频繁登录某直播平台观赏一位叫琪琪的女主播的直播。

琪琪在直播间会直播一些什么，如此让谢诚着迷？记者通过谢女士提供的信息登录进入琪琪的直播房间，介绍上显示她是一名游戏主播，除了一个 QQ 交流群号外，找不到别的信息和记录。一名叫作"帝说琪琪侧脸很美"的用户长期占据该主播打赏排行总榜第一名，谢女士说这名用户就是她的弟弟谢诚。谢诚曾向姐姐说，他光花在这里直接打赏的钱至少 4 万元，还每天通过订餐、送礼物的方式打赏。

谢诚通过 QQ 加了琪琪为好友，他为她颇费心思。谢女士通过漫游调取了弟弟与琪琪的聊天记录发现，谢诚几乎每天都会通过美团给这位女主播订餐，还包揽了水果加餐等。他把自己塑造成为一个家境优越、父母强势的"土豪"形象，在他的 QQ 空间日记里，他住在北京，拥有一辆玛莎拉蒂豪车。在他空间里还经常发一些音乐会场面的照片，假装自己在国外听音乐会或旅游。

警方问询女主播后未立案，没发现违法犯罪迹象

谢女士和二妹知道弟弟谢诚打赏女主播花费十几万后，也很着急，通过各种办法"破译"了弟弟的秘密，还了解到那位女主播就住在南京中山北路某小区。紫牛新闻记者通过谢女士提供的联系方式联系她，但她始终不接电话。谢女士让上海的二妹向南京挹江门派出所报案，原因是怀疑琪琪色情直播，或者诈骗了谢诚。警方也传唤了女主播琪琪到派出所接受调查，问询调查后就放她回去了。记者与挹江门派出所联系，民警证实确实有这件事情，但具体案情不方便说，肯定谈不上是诈骗。紫牛新闻记者从鼓楼警方有关人士处获悉，对女主播琪琪做过问询调查后没有立案，可能是因为没有违法犯罪的迹象。

紫牛新闻记者问谢女士是否发现弟弟受到色情诱惑的证据，谢女士说没有，而且从弟弟的聊天记录中判断，他们没有见过面。记者问谢女士："依你判断，琪琪知不知道你弟弟的学生身份？"谢女士说："应该不知道，因为弟弟一直扮演着土豪的身份。"由此可见诈骗也基本不成立。

律师认为：给主播打赏是一种赠与行为

江苏法德永衡律师事务所曹或律师认为，粉丝给主播打赏，从法律上来说可看作一种赠与行为，很难要回来，而且谢诚是成年人，具备完全民事行为能力，可以进行独立的民事活动。曹律师认为，现代的打赏是互联网新兴的一种非强制性的付费模式，用户或者粉丝对主播发布的内容，包括文章、视频、图片等，根据心情给"小费"，以赏钱的方式表达喜欢和赞赏。打赏也可以看作一种消费行为，主播发布的内容给粉丝或者用户一种愉快的体验，粉丝或用户通过打赏来获得某种满足感。但是这一切必须是合法的，如果为了获取色情视频、裸聊等，那就是违法的。如果是通过打赏见面后进行谈恋爱，消费出去的钱也很难要回来。此外，如果对方通过虚构事实或隐瞒真相的方式占有较大数额的财物，那属于诈骗，受害方要及时保留证据，向公安机关报案。

心理专家：可能存在人格障碍，矫正比较困难

记者向南京中大医院临床心理科袁勇贵主任进行咨询。袁主任认为，在网络上进行打赏，比如看到一幅美的摄影作品、一段精彩的视频或者阅读一篇好的文章，给自己带来审美愉悦感受，出于对作者的鼓励，用户通过平台打赏点赞是顺理成章的事。打赏是对作者的认同，也能起到一定的社会激励作用，有着积极的一面。如今喜欢网络直播的粉丝通过打赏晋级得到女主播的互动，有的粉丝在现实中或许比较自卑，没有勇气追求异性，或许会通过打赏晋级与喜欢的女主播互动来得到精神满足，这样的情况也可以理解。

但是根据谢女士的描述，她弟弟不考虑自己的学生身份，不考虑家庭困难，贷款打赏，甚至用虚假的照片假装自己是富二代，这些行为就很不正常，过于夸张。他高中时期就爱通过对别人花钱而获得满足感，说明虚荣心比较强。虚荣心强，往往心理也自卑,表面阳光,现实中也不一定有勇气追求女性,也有可能通过网络渠道打赏女主播获得满足感,这属于人格障碍。这种障碍可能来自小时候家庭的溺爱、无底线的满足。"不考虑亲情,不考虑家庭实际情况,反正钱花了,有人给,贷款有人帮助还,他是不会考虑后果的。"袁主任认为,人格障碍属于心理疾病,矫正比较困难,建议家人耐心沟通说服,最好带着他去医院检查。

資料来源:贫困生贷十几万打赏主播:朋友圈伪装富二代,父母在家吃低保.(2017-08-10)[2018-04-17]. http://news.163.com/17/0810/08/CRFCJMUP000187VE.html.

● **思考题**

　　1.大学生在参与网络直播时需注意哪些方面?

　　2.如何正确看待快手、抖音等小视频软件?

全民娱乐化　利害当自清

 **学 习 要 点** ....▶

1. 追星有风险,粉丝需谨慎
2. 我们是否需要嘻哈文化
3. 中华传统文化的潮流范

文化的灵魂是价值观念,故传承中华优秀传统文化的关键在于价值观念的现代转化,我们需要甄别、整合、重铸、创新、践行中华优秀传统文化中的价值观念,赋予它们新的时代特征,使它们成为社会主义核心价值观的重要思想资源。中华优秀传统文化是中华民族的突出优势,是我们最深厚的文化软实力。做好中华优秀传统文化的传承和创新工作,尤其是深入挖掘和大力弘扬其中蕴含的丰富而宝贵的价值观念,能够增强社会主义主流意识形态的感召力、凝聚力和向心力。

习近平总书记指出:"数千年来,中华民族走着一条不同于其他国家和民族的文明发展道路。我们开辟了中国特色社会主义道路不是偶然的,是我国历史传承和文化传统决定的。我们推进国家治理体系和治理能力现代化,当然要学习和借鉴人类文明的一切优秀成果,但不是照搬其他国家的政治理念和制度模式,而是要从我国的现实条件出发来创造性前进。"①只有科学合理地传承中华优秀传统文化价值观,才能构筑起社会主义主流意识形态的钢铁长城,确保中国特色社会主义建设的顺利推进。

一、追星有风险,粉丝需谨慎

"追星"活动由来已久,并为部分人所认同和接受。21世纪以来,随着我国社会的快速转型和社会文化的多元发展,各类大众媒介将新颖的娱乐节目和选秀比赛带入人们的生活,追星文化也受到了社会各界的关注。近几年,大学生盲目追星的现象已成为新的社会问题。部分大学生将太多时间、精力浪费在追星上,荒废了学业;部分大学生为了追星花费大量金钱,使父母苦不堪言;部分大学生刻意模仿偶像的言行举止,甚至是某些不良行为;部分大学生为维护偶像与他人掀起骂战甚至发生肢体冲突……大学生的盲目追星行为不仅会影响其个人的健康成长,也无益于社会发展和进步。让我们来关注一下以下事件:

事件一:2005年12月,周杰伦的歌迷周某从湖南辗转各地,住过20多个救助站,将救助站的微薄资助积攒起来购买偶像的演唱会门票。当周杰伦在广州演唱会声称两年之内不再开演唱会时,万念俱灰的周某在看台上一口气服下了30粒安眠药,幸被救回。

事件二:2010年5月,韩国男子演唱组合Super Junior在上海世博文化中心表演。因演出不对外售票,需用世博门票兑换,兑换现场歌迷疯狂争抢,有过激者甚至对维护秩序的武警谩骂殴打,引发网友众怒。

事件三:2014年6月20日,TFBOYS在北京某机场搭乘航班,近百名粉丝为了进入安检区域多看偶像两眼,采取集中订票再大量退票的方式,造成机场运转混乱。6月27日,重庆江北机场至少三个航班因为TFBOYS粉丝大量退票而出现延误。

事件四:2014年8月,艺人柯震东因吸毒被抓,粉丝因其可能无法继续参演《小时代4》而扬言将不去看电影。柯震东被抓前的最后一条微博下不乏"吸毒也帅""永远支持"等评论。

事件五:2014年8月,韩国男子演唱团体EXO抵达南京,其工作人员和机场安检人员发生争执。在舆论声讨中,一些EXO的粉丝晒出自残照,以此表达"不甘偶像受辱"的心情。

---

① 《习近平:解决中国的问题只能在中国大地上探寻适合自己的道路和办法》,http://www.xinhuanet.com/politics/2014-10/13/c_1112807354.htm。

(一)大学生盲目追星的原因

1.大学生信仰缺失

信仰是心灵的产物,可以引导人们的行为。随着网络普及和经济发展,当代的部分大学生开始出现信仰缺失的问题,而明星的出现填补了他们的精神空缺。成名成星是很多人在年轻时候都曾拥有的梦想,因为明星就好像是一个经过一系列精细加工并且通过层层质检的上等品,身上贴着很多在社会的传播活动中被赋予的标签。这些标签不仅可以为自己带来名气和财富,还会拥有一项普通人所不具备的特殊功能,那就是社会影响力。伴随着社会名气而来的是一种话语权,可以引导舆论从而影响受众,这些影响不光会在粉丝身上产生效应,也会在非粉丝的大众身上得到体现。可以说,这样的明星在他的粉丝群体甚至更广阔的群体中扮演着"意见领袖"的角色,他曝光于公众的一言一行都会成为影响社会的因素。大学生正处于价值观形成的关键阶段,大学生盲目追星群体的价值观尚未完全、稳定形成,缺乏信仰,不能正确指引其行为,所以才容易受到多元文化(如他人的不良意识与行为)影响。

2.学校教育中针对性教育的缺失

李某,男,18岁,某大学一年级学生。李某自寒假看完一部电视剧后便迷上了剧中的女主角。之后的一段时间,李某沉迷于追星,笔记本、桌面上写满了该女星的名字,李某的教师在班里严厉批评了其在作业本和书桌上乱涂乱画的行为,但没有引导其正确看待偶像。一个月后,李某带着压岁钱离家出走,声称要去找该女明星,李某被找回后仍坚持说要去实现娶媳妇的梦想。

对于学校来说,仅局限于对学生学习能力的培养是远远不够的。虽然"素质教育"的口号已经提出很多年,但不可否认的是,我国大多数学校对大学生的教育并未达到真正的"素质教育"。在学校教育中,教育者仍是通过对传统教育理念的继承和复制,贯彻"填鸭式"教育。一方面,传统的教育模式更多地关注大学生的知识文化水平,注重培养大学生的应试能力,简单地用分数和成绩衡量学生的优秀与否。因此,现存的学校教育模式对于大学生价值观的培养有限。另一方面,"填鸭式"教育模式更适用于集体培养,即用统一的管理方法督促班集体的每一位成员完成同样的学习任务。这种自上而下的教育并不能尊重每一个大学生的个性发展,也不能解决每一个大学生在成长过程中遇到的各种各样的问题。

3.家庭教育的忽视或放任

张某,女,来自单亲家庭,父亲对其极为溺爱并满足其全部需求。张某17岁第一次去听演唱会后便沉迷在和偶像的近距离接触中不能自拔,此后便开始"跟着偶像走",偶像去哪她去哪。为赴异地追星，她经常旷课，参加各种跨市、跨省甚至跨国追星活动。她的父亲从来没有制止过其追星行为，甚至还帮她跟老师请假。

　　家庭教育的缺失是对大学生盲目追星行为的纵容。访谈显示，大学生盲目追星现象的形成和家庭教育不当有关。部分家长忙于工作，没有给予孩子应有的关心和关注，对其大手大脚花钱追星也不管不顾；部分家长因为溺爱孩子，盲目支持他们追星，不能引导其适度追星。在追星被家人阻止时，部分大学生选择了"放弃追星"，说明家庭教育对引导大学生有重要作用。家庭是教育孩子最重要的场所，与社会教育、学校教育相比，家庭教育有着更特殊的意义。一方面，家庭是孩子最初赖以生存的社会单位，对孩子的成长有不可或缺的重要意义，家庭环境对孩子价值观的形成和发展也有感染作用。另一方面，由于孩子在成长期间对家人尤其是父母存在依赖心理，其对家人的信任也会高于学校老师，所以家长对他们的教育和指导不可或缺。

　　4.同辈群体影响下的盲从心理

　　王某，女，在就读高中期间，由于身边同龄女生都在"哈韩""哈日"，受她们影响也渐渐喜欢上了某韩国歌手并在同伴的带动下加入该歌手的歌迷微信群。在微信群中，王某认识了很多和自己一样喜欢该歌手的大学生，并与他们频繁交流。一日，微信群中某成员在新浪微博上因为偶像和他人发生了口角，于是来群里诉苦，王某等见状表示要组团支援诉苦的群成员，于是在微博上和他人掀起了网络骂战。

　　由于个人价值观尚未完整形成、缺乏主见，大学生往往对有相同或相似爱好的同辈群体十分依赖。美国社会心理学家米德指出："同辈群体在现代社会中发挥的作用已经远远超过了传统的文化传递方式。"同辈群体在大学生的成长过程中有着不可忽视的作用，健康、积极的共同爱好会推动大学生共同进步，而不良的共同爱好则会影响大学生的成长和发展。

　　5.新媒体的多方影响

　　当前巨大的信息量如泉涌般地输送给大学生，大多数人没有办法独立地进行筛选和辨别，即便是对于那些有能力鉴别信息的人来说，耗费大量的时间来进行此项筛选工作也是没有必要的。这时候媒体就充当了信息的把关人，在约定俗成的标准下，结合实际情况有选择地将每天的新闻公之于众。媒体在娱乐新闻这个领域也是扮演着这样一个角色，可以引起大众的兴趣并达到最高的关注度的娱乐新闻，就有做头版头条的资格。有趣的是，人们通常都会对消极的负面新闻产生比积极的正面新闻更多的兴趣，因此，"明星绯闻满天飞、地上的狗仔到处追"这样的现象才会有它存在的空间。但是更多的时候是媒体在制造娱乐新闻，通常是娱乐公司与媒体之间相互配合，娱乐公司为艺人制造新闻，而媒体则负责将这些设计好的新闻传递给受众。人为制造的新闻也分为两种:其一,新闻发布会、签售会一类,就是为了出新闻、为了博关注而为明星以及媒体量身定做的活动;其二,"娱乐假事件",就是媒体有意引导、强化事实中的某些要素,把新闻价值有限的事实甚至完全没有新闻价值的事实,硬做成强势新闻,把本来没有任何社会意义的明星绯闻硬是渲染成"大事件"。很多艺人为了提高关注度、搏出位而与经纪公司以及媒体协力"演绎"事件。大家各取所需,媒体有了新闻,艺人有了名气,经纪公司有了利益,而大众有了可供娱乐的话题。

(二)大学生盲目追星的危害

北京某高校大四学生邱瑞是某个演艺明星的粉丝,当偶像公开恋情后,她在房间里哭了一下午,一时冲动还在网上购买了上万元的化妆品。

"我会在第一时间看偶像拍的电影,买他的专辑以及一些周边产品。"对某高校学生陈晓颖而言,追星意味着"时刻愿意给偶像捧场"。

在北京读研二的陈陆昕也是某个娱乐明星的粉丝。她介绍,加入粉丝团是追星过程中的"关键一步","如果能在粉丝团内做到较高的级别,甚至可以获得和偶像一起聊天、吃饭的机会"。

盲目追星影响大学生的正常学习生活。当代大学生处于一个网络发达的信息时代,天南海北的粉丝通过网络相互联系形成小团体,在这种背景之下,盲目追星会使大学生分不清虚幻与现实,过度沉溺于粉丝之间构造的虚拟世界,花费大量的时间与金钱。2016年"虹桥一姐"迅速蹿红网络,其实"虹桥一姐"是一个叫龚玉雯的1998年出生的小姑娘,她走红是因为长期在上海虹桥机场蹲点明星,要到不少明星的签名照和合影。大多数知名艺人都被她跟过,只要遇见明星她就会追上拍照,还会要求明星和自己合影。龚玉雯在被指认出现在数十位明星的机场照片中后,迅速走红,网友称其为"虹桥一姐"。然而这种走红却充满了负能量,提到她的网友都满是嘲讽。也有不少网友劝导"虹桥一姐"龚玉雯应回到校园学习,多读书充实自己,不应该把时间浪费在在机场盲目等明星合影上面。

盲目追星会影响大学生的三观取向。现在明星群体中虽然正能量的偶像居多,但是也有一些素质差、道德低下的偶像存在。一些明星在被曝光整容、吸毒、婚外情等负面消息之后,仍旧会有支持他们的粉丝群体,这就会在一定程度上侵蚀大学生的价值取向,使他们分不清真正的对与错。长此以往,大学生的世界观、价值观、人生观都将受到影响。

(三)引导大学生理性追星

粉丝抢占地铁广告牌为偶像庆生,偶像公布恋情后粉丝暴走痛哭,甚至有粉丝堵明星家门口几个月……越来越多疯狂追星的案例让人们在震惊之余，愈发意识到理性追星的重要性。

上海一所高校的大二学生陈莎把女排运动员魏秋月视为头号"爱豆"。里约奥运会上，中国女排重夺金牌，使这位从高中就开始接触排球的女生泪流满面。她喜欢赛场上的女排团队，更被魏秋月的传球技术和承压能力所折服。在她印象中，那个高举 7 号牌子的背影，有过太多伤病的困扰，也给人数不尽的感动和鼓舞。"关注女排不用花很多钱。"她说。陈莎去现场看过两次比赛，平时上网关注比赛的直播，不久前买了一本印有中国女排团队照片的 2017 年台历。接下来女排运动员们会出书，她也打算购买。"从她们身上，我学到的是坚持到底、永不放弃的精神。"

大三的陈艾从 5 年前开始喜欢五月天乐队。在她的寝室书柜上摆满了五月天的公仔，墙上贴满主唱的海报，5 张专辑整整齐齐地放在雅思考题旁。"双十一"几个朋友一块帮忙抢的羽绒服已经陪伴她度过了天津干冷的冬天，那是乐队主唱创办的一个服装品牌。陈艾把参与某次演唱会的应援看作自己唯一一次的"疯狂"之举。粉丝群中的"大 V"负责组织，在微信群或 QQ 群里进行筹备分工，同时进行线下协作。演唱会倒计时 3 天时，一张"小贴士"图片在粉丝圈里流传起来：粉丝须购买五月天互动变色荧光棒，在演唱《知足》这首歌时打开手电筒；在唱《如果我们不曾相遇》时，举起"相遇"应援手幅。陈艾负责设计长 35 厘米、宽 15 厘米的蓝色应援手幅。当天，她还作为志愿者参与手幅的发放。"在人群中跑来跑去时，真的感觉自己在为这场演唱会做事情。这和在看台单纯当个观众的感觉完全不同。"

武汉一所高校的周晓露笑称自己是 TFBOYS 的"阿姨粉"。她坦承自己两年前还是"跟风嘲讽的那群人"。她不知道自己什么时候成为他们的粉丝，"王俊凯翻唱的那首《继续－给十五岁的自己》也许是原因之一"。她也会和其他粉丝一样带话题刷微博，期望"三小只"上热搜，但同时也在三个少年的成长中汲取正能量。周晓露一方面企盼"三小只"快快长大，一方面又希望他们能享受自己还算单纯的世界。

大四学生张依然是一名资深"玉米"（李宇春粉丝的名称）。从 2005 年李宇春参加一档选秀节目开始，她便成为一名忠实的"玉米"。现如今，她也从一个小学生长大到了即将大学毕业的年龄。她认为，追星带给她最多的是精神上的正能量。"看见偶像很优秀，自己也会努力做更好的自己。"张依然说，"有一种和自己的偶像陪伴彼此成长的感觉。"张依然加入了一个粉丝原创宣传组织，她负责编辑电子杂志，平时发布偶像的娱乐生活新闻。正是因为这个经历，她获得了一家杂志社的实习机会。有时，因为实习机会见到自己的偶像，拿到一些内部杂志或者周边产品，她会非常开心。看着自己喜爱的歌手不局限于音乐领域，而是有了多方面更好的发展，她都愿意积极地支持。张依然觉得为音乐付费是件正常的事，"支持自己喜欢的音乐人和正版音乐，也是对版权保护的一种支持"。她把对偶像的喜爱当作生活的一部分,是高压生活下的放松,她认为粉丝就是粉丝,追星应该理智,要摆正自己的位置。

大三学生王艺霖坦言,自己很喜欢篮球明星科比·布莱恩特。她喜欢偶像绝不服输的性格,在球队危难时刻挺身而出和用进球回击质疑的表现。几年下来,她积攒了一些 T 恤、球衣、球鞋,算是追星的全部开销。2016 年 2 月,她去美国洛杉矶斯台普斯中心看了一场科比的比赛,圆了自己一个梦想。"等我日后毕业了工作稳定后,恐怕再无这样一个精神信仰,能让我去追逐我的梦。"王艺霖说。

大二学生马悠觉得追星这件事带给她的益处远远大于弊处,追星提高了她的人际交往能力、语言能力,并且让她练就了拍图、修图、写稿、自由行等一身的技能。当时为了能听懂"爱豆"的采访,她学习了一门外语,现在能够在国外与人进行基本交流。

1.引导大学生树立更高层次和更健康的媒介使用动机

大部分粉丝对偶像停留在浅表性欣赏的感性层面,选择的都是一些外形趋于完美的年轻偶像派明星。一位韩国影星李俊基的狂热崇拜者谈到喜爱李俊基的原因,依次为:"养眼""长得是自己喜欢的类型""牙齿白""帅""因为喜欢他演的角色而喜欢他""努力"。在她提及的原因中,大都停留在外在形象特征层面,只有"努力"涉及较为深入的精神层面。这说明其对偶像的欣赏侧重感官鉴赏,即感官的愉悦,而不是反思鉴赏,即精神的愉悦。欣赏偶像的外部特征,只能给人带来美的感官享受和虚浮的模仿,而认同偶像的内在特质,会推动一个人去把偶像所代表的精神内化为自我成长的动力。如果引导大学生更多地关注明星身上的一些内在特质,对于偏执追星的矫正作用应该很大。

2.加强媒体从业人员的媒体素养意识,为大学生推出更多优质偶像

大众传媒在塑造偶像时应该更加注重他们的道德品质和艺术才能的结合,另外多宣传一些参加公益慈善活动的明星,对不道德的公共人物坚决予以封杀。同时大众传媒不能忽视报道科学家等杰出人物,应充分发挥其社会地位赋予的功能,使他们也成为"明星"。英国广播公司撰写过一篇文章,题目是"除了章子怡,他们是谁",认为中国一些媒体只重视报道娱乐圈的明星,而不够重视报道对中国国力增强作出重大贡献的科学家。文章认为,科学家、发明家不被媒体重视,这是社会价值观的一种缺失,并且呼吁媒体留些镜头给那些推动人类社会向前发展的科学明星。

3.强化社会主流文化的价值导向作用

先进的社会文化会在大学生的全面发展中发挥积极的引导作用。如果社会文化自身就存在着各种各样的问题,那么作为容易被不良之风侵染的大学生也可能会受到负面影响。因此,努力净化社会文化,并以积极健康的文化来丰富大学生的社会生活,是必须着手解决的问题。

学校应该不断完善现有教育模式,肩负起加强针对性教育的任务。其一,对于大学生的教育应该多元化、全面化。学校对大学生的教育不能只局限于学习能力的培养,应将教育的内容扩大到价值观念体系、性格形成、个人需求、情感认知、知识面等方面,多管齐下,促进大学生的全面发展。大学生盲目追星群体应是学校教育中被重视的对象,深入了解大学生盲目追星的现状、原因,对之后的引导工作有不可或缺的作用。其二,在价值观教育上,应坚持在多维教育的前提下突出主导价值观的引导。在多元化的社会中,价值观的教育也不能是"填鸭式"的,应在赋予大学生盲目追星群体价值判断和选择权利的同时,突出主导价值观教育,引导大学生选择正确的价值观,或对其错位的价值观进行纠正。

其实追星文化是一把"双刃剑",部分大学生盲目追星的行为给自身和社会带来一定的负面影响。大学生盲目追星群体是当前我国大学生研究中所面临的一个新的群体,这一群体特征新、问题多、情况特殊,因此如何去解决这一群体问题是十分必要和紧迫的,而对这一群体价值观教育的研究也是时代发展对大学生价值观教育提出的客观要求。大学生盲目追星群体产生的原因是多方面的、复杂的,但随着社会的关注和各学科学者的研究,虽然这一群体的问题并不能在短时间内解决,但一定会不断得到改善。

 **教学案例**

从崇拜到一起成长　粉丝追星路如何寻找平衡?

中新网客户端北京 5 月 9 日电(记者　张曦)　"范冰冰弟弟范丞丞靠照片赚 480 万"? 近日一则爆料刷爆朋友圈,尽管事后被证明是乌龙,但又一次引发了对追星潮的热议。从早年购买偶像的专辑海报,到如今参与偶像的成长之路,粉丝如何在狂热与理智中寻找平衡呢?

一张付费照片引发的热议

4 月 26 日凌晨,范丞丞在微博发布了两张照片,其中一张点开后显示"开通 Ta 的专属会员即可浏览图片和 Ta 的全部付费内容"。一开始,这件事并未引发关注,直到 5 月 4 日,网上流传一张图片,上面称范丞丞的付费照片需要 60 元才能看原图,导致 8 万人支付,收入高达 480 万。此消息迅速发酵,有网友发出"明星赚钱太容易"的质疑,也有网友认为这是"付费阅读新模式,粉丝愿意就好"。

记者按照范丞丞付费照片的提示尝试,发现需要开通明星的专属会员,半年费用是 60 元。会员的特权除了可以看到该明星所有的付费照片外,还可以享有评论靠前、评论区标志、明星小尾巴、定制挂件和卡片等。

公司忙澄清　粉丝称"不破费"

4日傍晚,针对"范丞丞微博一张付费照片卖出480万"一事,其属公司乐华娱乐和微博联合发布声明辟谣,对发布者表示强烈谴责和严重警告。

声明提到,乐华娱乐和微博合作旨在健康运营粉丝经济,构建健康的粉丝文化,并非艺人单方面意愿和行为,艺人发布的内容也是合作内容范畴之内。

虽然范丞丞在微博里写道"让你们破费了",但记者在评论里看到,大多数粉丝都表示会支持偶像,其中不少粉丝还隔空喊话说"不破费""这点钱不算什么""你为我们开了工作室,能看到你这根本不算破费"等。值得一提的是,截至8日,这条微博的互动数已突破155万,足见人气之高。

追星应援花样百出

让范丞丞真正走红的,除了是"范冰冰的弟弟"外,主要因为一档名为《偶像练习生》的节目。这档节目也让追星有了新的定义,甚至有媒体称粉丝怀着"老母亲养儿子"的心理追星。由于节目是靠观众投票来确定练习生出道的名额,因此粉丝们不仅争先恐后购买播出平台的会员,不断充值;更有甚者,由于买冠名商的饮料可以获得更多的投票权,还有粉丝一口气买了足够喝三个月的饮料。

在为偶像应援方面,粉丝们也是花样百出,毫不手软。有粉丝花钱在机场和地铁打出灯箱广告,就连上海外滩写字楼的LED屏幕,也变成为偶像应援的工具;还有一部分用于制作粉丝周边,购买送给偶像的应援礼物,比如零食、衣物等。

粉丝分工明确

杨琦是个"80后",平时不追星的她,因为这档节目对一位练习生"路转粉"。她自称是"妈妈粉",杨琦告诉记者,她早年时也喜欢吴彦祖、金城武这类帅哥,但现在的追星心态已和当年完全不同,"当时更多的可能是崇拜",现在就是"希望崽事业更好一点,希望公司能给他多一点资源"。

为了方便追星,杨琦加入了一个粉丝群,里面大多是"95后",还有"00后"。群里专门分出了前线组、数据组、文案组、美工组、视频组、活动组、"反黑组"等,分工十分明确。

1995年出生的陈萌是数据组的一员,她负责在微博上为偶像"打榜投票"。据她介绍,前线组会在活动上拍摄偶像的一些照片,"反黑组"则会帮偶像第一时间危机公关。"我们和爱豆(偶像)的年龄差距都不大,看着他努力的样子,感觉对我们也是一种激励。"

公司打造明星受粉丝监督

记者注意到,范丞丞事件曝光后,在其公司发声明前,就有粉丝第一时间作图帮偶像澄清,在不少涉及此事的微博下面,都能看到粉丝澄清的身影。和之前传统的造星方式不同,原本由公司负责为艺人做的一些宣传推广,现在都由粉丝主动来做。刷数据、拍图、修图、推广等,成为目前不少粉丝最热衷为偶像做的事情。杨琦表示,自己所在的粉丝站里,并非每个人都要给偶像花钱,"工作了的会帮偶像多做一些应援,没有经济来源的就帮忙刷数据"。

思考:粉丝追星路如何寻找平衡?

从追星方式和心态的转变,也能看到粉丝对偶像的付出也不再单一,但粉丝如何在狂热和理智中找到平衡呢?

事实上,范丞丞照片付费一事,本质上和付费阅读没什么不同,属于粉丝经济的一种。这种模式,日韩已经比较成熟,但中国目前尚属起步阶段。因此有法律人士向记者表示,微博作为公共平台,应该承担更多社会责任,呼吁粉丝理智追星。

值得一提的是,近日,浙江大学第二附属医院眼科的胡江华在其发表的 SCI 论文中感谢了林俊杰,她认为过去十年,林俊杰的歌曲给了自己强大的精神支持。针对追星,胡同学的观点是:"追星不能盲目,偶像所传播的正能量推动着我们不断进步,会让我们走得更远,成为更好的人。"

这番话,或许是对如何追星最好的解释。

资料来源:张曦.从崇拜到一起成长 粉丝追星路如何寻找平衡.(2018-05-09)[2018-05-22].http://www.chinanews.com/yl/2018/05-09/8509207.shtml.

二、我们是否需要嘻哈文化

平心而论,对于国人来说,嘻哈一直是小众且江湖的;对于 rapper(说唱歌手)的印象也更多是停留在戴着大金链子、穿着大 T 恤、一脸不屑的样子。甚至多数人只知道,嘻哈在国外一直很流行,却不知道它其实是 20 世纪 60 年代末美国黑人为激励自身、表达抗争不服输而发起的第三次文化运动,因内含的"peace&love"(爱与和平)打动了英国当时顶级的几个朋克乐队,遂被他们带往了欧洲进而走向世界。

(一)嘻哈文化的起源

"嘻哈"一词频频出现于各大报纸杂志,像"嘻哈"运动赛事、"嘻哈"音乐组合、"嘻哈"文化网站、"嘻哈"晚会、"嘻哈"服饰店等,"嘻哈"组合如今已随处可见。那么,何谓"嘻哈"? 今日的"嘻哈"缘起何处呢?"嘻哈"和"嘻嘻哈哈"并没有什么关系,它是一个外来词语,即英文"Hip-hop"的中文翻译。Hip-hop 原是轻扭摆臀的意思。在美国纽约的布朗克斯区,Hip-hop 指的是一种由多种元素构成的街头文化。20 世纪 70 年代初,这一地区的非洲裔、拉丁裔青年,常在居住的贫民街区聚会,组织俱乐部。他们把城市的公共设施当作画布,用喷漆喷出特殊的图画、字形,画出自己的风格;他们把街头当作演艺场,自由创作舞蹈或是饶舌音乐,演艺竞技,为贫穷但是自由的生活增添乐趣。Hip-hop 包括了四个主要元素:说唱、打碟、涂鸦、街舞。饶舌说唱作为嘻哈文化的核心组成部分,于 20 世纪 80 年代传入日本,继而传入韩国,并在这两个国家得到迅速发展。嘻哈文化在 20 世纪 90 年代初出现在中国,早期在香港流传,90 年代中期开始兴盛,慢慢成为潮流。相比之下,内地的嘻哈文化兴起较迟。

嘻哈文化在传入中国时经历了一系列的分离、重塑、再造,在本土化的过程中形成了去政治化、富有中国特色的嘻哈观念。很多热衷嘻哈文化的受众对于嘻哈的历史由来并不清楚,更无兴趣去研究嘻哈文化背后的种族问题和民权运动,大部分人只是爱上了嘻哈文化中的宽大服饰、夸张的外在表现形式以及离经叛道的态度。因此,在中国社会中对于嘻哈的理解多局限于它是一种与主流文化相对立的新型文化形式,少有将这种文化形式摆上主流平台。它一直作为一种青年亚文化生存在地下,也形成了特有的地下说唱文化。在大街小巷,和嘻哈文化息息相关的音乐、服饰、街舞、体育用品等到处可见。从广州街头,到上海人民广场,迷上嘻哈的年轻人比比皆是。嘻哈文化掀起阵阵流行风暴,引得许多年轻人持续"发烧",原因在于其新潮的服装、前卫的打扮、新颖的动作等各种时尚的元素让年轻人着迷,更在于嘻哈文化所传递的与规规矩矩的生活态度完全不同的观念满足了年轻人的需要:它迎合了年轻人释放自己、表达个性、追求自由、表现自我、不被任何东西所束缚的精神状态,它可以缓解来自社会各方面的压力。下班、放学后,穿上"嘻哈"式的宽松衣裳,在"嘻哈"式的音乐、舞蹈、运动中舒缓身心,是适合精力旺盛、追求个性自由的年轻人的一种娱乐与运动相结合的休闲方式。

而中国的嘻哈,虽然因为文化、社会环境等因素,比其他国家晚了近 30 年才引入,但一个叫王波的北京音乐人,以及他与美国朋友郑子、加拿大华裔马克、混血儿贺忠 4 人组成的"隐藏乐队",却在千禧年之初就树立了属于中国的嘻哈形象。值得一提的是,隐藏乐队的《为人民服务》不仅是国内首张真正意义上的嘻哈专辑,同时也让王波以及他的乐队站到了主流音乐颁奖盛典上,而当时与他们同台的歌手五月天、梁静茹等,无一不是流行乐坛中的大咖。可惜王波与他的隐藏乐队生不逢时,他们用 3 年迎来了辉煌,却只感受了片刻的成功就赶上了国内唱片行业长达 10 年的寒冬期。那 10 年间,卖得最好的一张专辑是羽泉的《冷酷到底》,但也不过 145 万张的销量。最终隐藏乐队无奈再度转回"地下",而中国的嘻哈此后虽然也出现在了周杰伦的《双节棍》《本草纲目》、凤凰传奇的《自由飞翔》等传播极广的金曲中,却还是迟到了 14 年才因为爱奇艺自制的音乐综艺《中国有嘻哈》在去年的夏天重回大众的视线。

（二）嘻哈节目热播原因——以《中国有嘻哈》为例

《中国有嘻哈》作为网络独播音乐选秀类真人秀节目,华丽的制作班底和刷新中国网络综艺记录的巨额前期投资,使其在开播前就已经通过全面的宣传打入中国嘻哈界内部,最大限度地保证选手质量,以便达到良好的节目效果。节目通过全国半决赛、总决赛这一系列的赛制安排,霸占了观众整个夏天。通过对整档节目的分析,至少可以得出以下几点热播原因:

1.明星制作人

随着我国真人秀节目类型的不断增多,合适的明星参与在收视率、广告收入、电视品牌上发挥的作用愈发明显,极大地增强了电视媒体的传播效果。《中国有嘻哈》节目邀请了嘻哈界具有代表性的四位明星担任节目制作人。热狗凭借嘻哈专辑 Wake Up 拿下金曲奖,他的地位得到嘻哈界所有选手的认可;对吴亦凡颜值与实力的争议使得网络上频频出现对其担当制作人的质疑声,反而在一定程度上推动了节目的高收视率;对于选手的直接呛声,张震岳成熟冷静的点评及其本身形象生动的人物特点,给观众带来了优质的观赏效果;潘玮柏作为"80 后""90 后"一代的 Hip-hop 启蒙老师,用阳光的笑容缓解每个选手的紧张。《中国有嘻哈》中的明星制作人不仅相当于普通节目中的主持人,在选手与选手的表演之间插入自己的意见及看法,同时也凭借"Freestyle 杀手"吴、"我觉得可以"热狗、"我觉得不可以"张震岳、"亲和"潘的个性化形象塑造为节目带来极大看点。他们在节目中以不同的定位尽可能多方面地展现出自身特色,不仅成为节目的形象代表,同时,他们的年龄及地区性差异也相对全面地覆盖了所有节目受众。

2.强化热词传播作用

随着网络技术的发展,网络热词逐渐兴起。人们通过互联网表达自己的所见所想,若引起其他网民的共鸣,并不断得到转发和呼应,使其传播范围及影响越来越大,网络热词就会形成。当前我国正处于社会转型期,人们的生活水平得到极大提高,相应的精神需求也随之产生,同时由于社会节奏的加快,人们更愿意接受简洁并直击内心的热词新语。《中国有嘻哈》紧扣时代脉搏,抓住大学生受众群体,注重全方位的影响,利用明星效应,通过在节目中反复提及嘻哈用语,并特意强调,把节目具体化、符号化。"差不多先生的差不多人生""我吃火锅你吃火锅底料""你有 freestyle 吗""我觉得还 OK""我觉得不行"等高频语句让受众自发利用微博、微信等传播渠道自主宣传,让目标外受众在热搜、热词的环绕下了解并关注节目,无处不在地点燃嘻哈潮流。

3.真实与艺术的博弈

经调查发现,真人秀节目的收视率远远高于其他电视节目,这是由于其更接地气,贴近观众。真人秀节目通过让观众产生共鸣,建立信任度,从而让受众具有品牌忠诚度。《中国有嘻哈》真实呈现参赛选手在比赛过程中的表现,他们对网络言论作出及时回应,通过自己的言行举止表明自身的态度与看法,并发表自己的见解,同时对于明星制片人的抉择、评判作出最真实的反应。这种寻求真人秀中"真"的态度极大地拉近了节目与受众的距离,使受众感同身受。真人秀无剧本、多意外的特点也使得其录制过程有许多看点,这些悬念正是能够刺激受众关注节目的重要因素。《中国有嘻哈》通过正倒叙结合等多种艺术处理方式,在不改变"真"的情况下将冲突放大、疑点提前,让观众的情绪跟随节目内容的发展方向而变化,以此达到更丰富的视觉体验。

(三)客观看待、积极转化嘻哈文化

亚文化,通常是指种种非主流、非普适、非大众的文化,体现为某些特定年龄、特定人群、特定职业、特定身份、特定生活圈子和生活状态的特定文化形式、内容和价值观。嘻哈文化,就是一种亚文化现象。

与主流文化不同,自成一格的青年亚文化团体更喜欢标新立异、张扬自我,甚至故意挑战主流、正统文化形式和规范。正因为亚文化现象对社会和家庭的和谐稳定、青少年的健康成长有着重要影响,这些年越来越引起社会各方面关注。

所有亚文化都体现一定程度的亚文化人群的合理需求,主流文化只有融合这些需求,才能适应社会发展、文化发展,而不至于陷入因循守旧的窠臼。事实上,如果没有对各种民间诗歌音乐的吸收和整理,就不会有"诗三百篇",也不会有不断推陈出新的唐诗宋词元曲;当年的通俗音乐也曾经是亚文化,但如今已经成为主流文化的一部分;爵士、摇滚,在中外都曾经一度被视为离经叛道,而今早已成为主流音乐重要分支。如今面对嘻哈文化,主流文化也应该积极对其进行扬弃与转化,变得更兼容。从历史上来看,从"对峙"走向"转化",既是主流文化应对亚文化挑战时应有的态度,也是主流文化自身革故鼎新、继往开来的客观需要。

第一,对嘻哈文化应"去粗取精"。嘻哈文化往往会带有某种"本我"的"粗鄙性",例如有时较多地使用污言秽语,有时只强调自我感受,暴力、情色等因素也比较普遍,存在某种攻击性、叛逆性倾向等。主流文化在对待嘻哈文化时,应尽可能将这种宣泄性需求通过"净化"方式加以过滤,吸收其原生态的生活质感、艺术的生动性和想象力、情感表达的创新性,使之符合主流价值的文化要求。在这方面,说唱音乐的主流化、摇滚文化的变化,就是比较现实的例子。"街谈巷说,必有可采",去掉嘻哈文化中的"粗鄙性""原始性",将嘻哈文化的情感表达"艺术化""社会化",也是文化融合发展的实践趋势。

第二,对嘻哈文化应"去伪存真"。嘻哈文化由于其"地下性",往往会用更加夸张、激烈,甚至偏激的态度来表达自己的诉求。特别是在互联网和市场化背景下,一些新兴

传媒平台和逐利资本利用这种"夸张性"吸引眼球、带入流量、获得回报。当下,嘻哈文化中的部分低俗网络直播、低俗网红现象、明星丑闻、粉丝偏激行为,反映的就是这种商业动机对嘻哈文化的放大和扭曲。对于这种现象,一方面文化传媒管理机构应该加强对包括新媒体在内的传播平台的依法管理,避免嘻哈文化现象主流化的泛滥;另一方面,主流文化对嘻哈文化的"夸张性"也可以加以适当"去伪",使之在真情实感基础上"合理化""合情化""审美化",让嘻哈文化既能够表达特定人群的特定情绪,但又不将这种情绪绝对化、夸张化,导致嘻哈文化成为脱缰野马,与主流文化之间形成巨大对抗和反差。

第三,对嘻哈文化应"存异求同"。嘻哈文化代表不同人群的心理需求,但这些需求在嘻哈文化中往往会被放大。蔑视社会规范、讽刺教育体系,在嘻哈文化的创作、表演和行为中都是常态,也引发这些年各种粉丝群体之间线上线下的争斗。主流文化一方面要包容嘻哈文化的差异性,一方面也要赋予嘻哈文化更多的文化共识,例如,引导嘻哈文化关注自由和平等之间的平衡、个性和社会的统一、权利和义务的对等、爱和被爱的和谐、痛苦和快乐的辩证、挫折和成长的必然、小我和大我的关联等等,使得"差异"性的嘻哈文化走入主流文化。也就是说,既尊重嘻哈文化人群对自由、个性、差异的追求,又软化、弱化这种追求的极端性和破坏性,使之能够与主流文化协调发展。2017年年初,共青团中央在微博上发布了一支由四位来自中国不同地区的嘻哈歌手带来的开年说唱曲目——*This is our generation*,表达了无论哪一辈人在年轻时代都得努力奋斗方可实现梦想,并传播了正能量,体现的正是这种求同存异的努力,获得许多网友包括青少年网友的认可。

事实上,"天下无不可变之风俗",人类的主流文化就如同大江大河一样,总是在融汇各种涓涓细流之后,才有大江东去的生命力。所以,在坚守主流价值底线的同时,开放包容、积极疏导,才能真正化解互联网时代嘻哈文化对主流文化的冲击,形成主流引导下多元文化之间的互动共生,也使得主流文化本身随着时代发展更加具有兼容性、普遍性和共享性。

三、中华传统文化的潮流范

文化是民族的血脉,是人们的精神家园。当前中国仍处于从传统社会向现代社会转型的历史进程之中,中国性和现代性共同塑造着中国文化的未来。优秀传统文化,是我们树立文化自信的出发点。中华优秀传统文化是中华民族的精神命脉,是追梦路上的力量源泉,是建设社会主义文化强国的自信之基。建设社会主义文化强国,要在扬弃继承、转化创新中传承发展优秀传统文化,要坚持古为今用、守正开新,让传统文化更具"流行范儿",才能更有效地推动优秀传统文化融入国民教育、道德建设、文化创造和生产生活，才能让传统更流行、让传承更久远。

（一）传统文化的新时代转化

2017年1月，中共中央办公厅和国务院办公厅发布《关于实施传承发展中华优秀传统文化工程的意见》，一共18条，从传统文化的重要意义，讲到传统文化的思想理念、传统美德、人文精神，再讲到工程怎样实施。这是党和政府第一次针对传承发展中华优秀传统文化发布文件。习近平反复强调："对历史文化特别是先人传承下来的价值理念和道德规范，要坚持古为今用、推陈出新，有鉴别地加以对待，有扬弃地予以继承，努力用中华民族创造的一切精神财富来以文化人、以文育人。"[①]这里用的是哲学术语"扬弃"，这非常重要。鉴别的利器是什么？是与时俱进的中国化的马克思主义。中华民族的传统文化中既有丰富的精华，也有不少的糟粕。比如，讲孝很重要，但《二十四孝图》里的郭巨埋儿能继承吗？那是不人道的。讲忠，愚忠能继承吗？所以首先强调要有鉴别地对待。不用"批判地继承"，而用"扬弃地继承"，发人深省。批判是重在否定，而扬弃是有扬有弃，是哲学术语，表明从旧事物到新事物发展过程当中必须经历去粗取精、去伪存真、由此及彼、由表及里的改造制作。

十九大进一步提出，从2020年到2035年，中国"社会文明程度达到新的高度，国家文化软实力显著增强，中华文化影响更加广泛深入"。正如习近平所言，讲清楚中国特色社会主义植根于中华文化沃土，需要既讲透中国特色社会主义的历史文化渊源，又讲透文化传承的中国特色社会主义必由之路。深入解读十九大报告，我们发现其深刻揭示了中国特色社会主义道路的历史渊源，阐明了中国特色社会主义道路独特的文化传统、历史命运和基本国情根据，同时呈现出这样一个道理：只有中国特色社会主义道路才是中华优秀传统文化的传承之路、新生之路、复兴之路。

习近平新时代中国特色社会主义思想强调坚守道路自信、理论自信、制度自信、文化自信。新时代中国特色社会主义文化建设理论提出，"文化自信是一个国家、一个民族发展中更基本、更深沉、更持久的力量"，要"推动中华优秀传统文化创造性转化、创新性发展，继承革命文化，发展社会主义先进文化，不忘本来、吸收外来、面向未来，更好构筑中国精神、中国价值、中国力量，为人民提供精神指引"。在当前国家文化软实力和中华文化影响力大幅提升的背景下，社会主义文化建设应积极贯彻十九大精神，弘扬中华优秀传统文化，增强社会主义文化软实力。"文化自信得到彰显，国家文化软实力和中华文化影响力大幅提升。"文化自信背景下，我们应对传统文化进行创造性转化与创新性发展。中国是一个被传统伦理道德充分浸润的国家，在当代社会主义文化建设过程

---

① 《习近平谈治国理政》，第164页。

中,中华民族依然承继着传统的基因,而只有基于传统,改造传统,对传统文化进行批判地继承,才能使当今的文化道德体系构建找到根基。如中国古代的教化是为了维护封建统治秩序,强化对民众的思想控制,虽然它的一些方式方法有不可取处,如"神道设教",但不可否认的是,中国古代教化理论和方法中包含着合理的、有价值的因素。中国古人始终认为善源于教,进而认为良好的政治乃至国家的富强都与教化有直接关系,这些思想是有价值的。中国古人在推行教化的过程中所形成的一套成功经验,反映、体现了道德教育的一般规律,在今天仍有借鉴意义。

新时代中国特色社会主义文化建设理论对中国作为文明古国、文化大国高度的自觉自信做了丰富的论述。十九大报告中也有重点阐述:"坚定文化自信,推动社会主义文化繁荣兴盛,文化是一个国家、一个民族的灵魂。文化兴国运兴,文化强民族强。没有高度的文化自信,没有文化的繁荣兴盛,就没有中华民族伟大复兴。要坚持中国特色社会主义文化发展道路,激发全民族文化创新创造活力,建设社会主义文化强国。"真正的文化自信,既表现在礼敬自豪地对待自己的优秀传统、客观理性地认识自己的当下发展,又表现在敢于美人之美、成人之美。当代中国的社会主义文化发展,对内应坚守中华文化立场,立足中国当今现实;对外应辨别良莠、择善而从。继承与发扬中华民族传统文化中的传统美德,深刻认识其对于当代社会的道德建设所具有的借鉴和启示作用。中华传统美德以儒家思想为核心,涵盖了如孝顺父母、邻里和睦、与人为善、勤劳简朴、尊师重道、正直廉洁、扶厄济困等内容。这些都是当今社会应加以继承与弘扬的美德,应在构建当今社会道德文化时加以借鉴。与此同时,传统文化中的人伦次序和等级观念,本质上是封建宗法制度的产物,对于这些传统文化中的消极因素则应加以甄别和摈弃。

习近平新时代中国特色社会主义思想指出,要以科学的态度和历史唯物主义的态度对待传统文化:不能固守传统,要对传统文化进行创造性转化、创新性发展。我们不可抛弃中华文化根源,不然我们民族的精神命脉难以继承。对待中华文化,应坚持古为今用、推陈出新,有所鉴别、有所扬弃地予以对待和继承,既不能片面地厚古薄今,也不能片面地厚今薄古。国家治理现代化正是立足于中华文化传承而实现的适应性与包容性的统一。中华优秀传统文化对治国理政具有重要借鉴价值。一个国家的治理体系和治理能力是与这个国家的历史传承和文化传统密切相关的。当代中国人的思维,中国政府的治国方略,浸透着中华优秀传统文化的基因。习近平强调:"中国的今天是从中国的昨天和前天发展而来的。要治理好今天的中国,需要对我国历史和传统文化有深入了解,也需要对我国古代治国理政的探索和智慧进行积极总结。"①党的十八大以来,

---

①　《习近平:解决中国的问题只能在中国大地上探寻适合自己的道路和办法》,http://www.xinhuanet.com/politics/2014-10/13/c_1112807354.htm。

以习近平为核心的党中央具有高度的文化自信和文化自觉,积极主动地从中华优秀传统文化之中汲取治国理政的智慧,形成了习近平新时代中国特色社会主义思想,具有深厚的传统文化底蕴。

中华优秀传统文化对全球治理有重要启示。西方文明在当今全球治理中的现实效力正在弱化,欧美诸国不再处于治理理念的思想前沿,全球治理面临着思想短缺的困境。在这种背景下,博大精深的中华优秀传统文化在全球治理中的分量越来越重,世界越来越期待中华文化来医治现代社会的诸种"病痛"。习近平指出:"老子、孔子、墨子、孟子、庄子等中国诸子百家学说至今仍然具有世界性的文化意义。"①因此,要"让中华文明同世界各国人民创造的丰富多彩的文明一道,为人类提供正确的精神指引和强大的精神动力"。近年来,从以合作共赢为核心的新型国际关系,到亲、诚、惠、容的周边外交理念,到互联互通的"一带一路"倡议,再到人类命运共同体构建,这些彰显着中华文化底色的"中国方案"为推进全球治理提供了一剂剂良方。

(二)传统文化的新潮流范

中国经济起飞之后,需要文化的同步繁荣。无论是诸子百家经典著作,还是民间古典诗词散文,传统经典往往蕴含着丰富的文、史、哲知识,乃至科学艺术价值,我们能从中深深体会到古代先贤数千年积累下来的人生态度、政治理想、生活原则和道德理念等文化。传统文化需要流行,但不能被误读。博物馆里的文物、历史长河的人物、古籍里的文字都可以通过现代手段"活"起来,重新被现代人所熟悉。然而,一窝蜂地开办"少儿读经班",博人眼球的"开笔破蒙",甚至借"复兴"之名行"复古"之实,纯为牟利或宣传封建迷信,实在有违弘扬传统的初衷。传统文化的发展应与新时代结合,才能焕发其真正的活力。

"优秀传统文化也要适应新的传媒手段,不适应就会落伍。"中国传媒大学文化发展研究院院长、博士生导师范周一语中的。诚然,进入互联网时代,互联网理念带来了强烈的文化冲突和融合,这是一个新的战场。中华优秀文化怎样在互联网中找到更好的表达形式,需要人们去研究。而这,不仅成为学者的共识,也已成为诸多传统文化从业者,或是深受传统文化影响的创业者的共识。

越剧是中国第二大剧种,发源于浙江嵊州,繁荣于全国,流传于世界。中国越剧戏迷网从 2016 年 5 月开始筹建,建设团队充分运用互联网思维,努力整合全国越剧资源,充分挖掘越剧故乡资源,经过一年的紧张筹备,最终完成。中国越剧戏迷网不但建成了

---

① 《习近平在中法建交 50 周年纪念大会上的讲话》,http://cpc. people. com. cn/n/2014/0328/c64094-24759793.html。

越剧戏迷聚会、交流、探讨、互联的网上平台,还延伸发展出全国爱越小站、全国越剧戏迷大会等线下实体,以及微信公众平台、App、网上越博馆、手游线上活动等。网站曾经举办"越剧达人"比赛,短短 20 天时间,点击关注人数就达到 30 多万。"可以面对面交流一些越剧唱腔和咬字发音的问题。"贵阳站站长李珊说。贵阳与嵊州相隔千山万水,戏迷常常为吐字不清晰而发愁,有了戏迷网,她们可以直接在线上跟老师交流,这样学起来就方便多了。

河南著名的本土方言相声团队"喷空"把舞台搬到了网上,在蜻蜓 FM 上"开喷"。"喷空"是河南方言,聊天的意思,但比聊天热情豪放。2013 年,知名编剧、导演陈红旭创立"喷空"团队,从 2014 年起,每周六他们在郑州东区的井台茶坊准时开喷,这里也成为市民忘情欢笑的文娱新阵地,不少外地甚至外省的听众也常来"听喷"。不过身处互联网时代,陈红旭始终在考虑传统曲艺如何触网。当时蜻蜓 FM 上的节目是先试试水,一个是短篇,《一句一笑》,录了 200 集,另一个是长篇,已经录了 20 集。目前看效果都不错。在"喷空"团队创始人陈红旭看来,茶坊阵地固然重要,但传统艺术一定要跟现代媒体结合,这是时代发展的必然。"我们老说酒香不怕巷子深,其实很怕,因为现在大家的选择太多了,你都没有进入选项,大家怎么喜欢你? 很多传统艺术都面临这个问题,不是它不好,而是没有想出办法让年轻人知道。""喷空"在茶坊里一期只有 50 位听众,而在网上则有成千上万个听众。单篇"喷空"3 个月累计播放超过 200 万次,长篇发布第一季 10 集后休息了一段,结果网友一直追问第二季什么时候开播,"东北的甚至美国的都有,这就是互联网的力量"。

目前,一些传统文化,包括茶叶、古琴、手工艺、陶瓷等非遗项目,纷纷开设公众号和淘宝店、微店。此外,在这些领域运用互联网思维进行更高层次的创新创业也在不断发生。数据调研机构艾媒咨询权威发布《2017 年中国"互联网＋"文化专题研究报告》,报告显示,互联网和文化的深度融合使文化企业走向内容生产专业化,"互联网＋"文化在文化传媒、文化娱乐和文化艺术服务三个主要方面呈现诸多创新形式,71.2％的中国网民是通过网络了解传统文化的。目前网上关于传统文化的软件,涉及传统文学、传统节日、传统戏曲、中国建筑等诸多领域,提供的服务包含资讯、游戏、电商交易、教育等多种类型。实践证明,传统文化项目一经新媒介传播社会效益非常明显,很多传统文化门类近年来遭遇"生存危机",最大的问题就在于无法吸引年轻人,而越是积极接触和利用互联网,越能够有效地缓解这一状况。出色的创意一定会让资本重新审视传统文化的价值,让弘扬传统文化不仅仅是口号,更成为与人们息息相关的生活方式。

早在 2017 年 4 月的中国绿公司年会上,小米科技创始人雷军就称小米的下一个风口在互联网农业,而平仄茶正是小米提出的"新国货运动"的中坚产品之一。茶叶作为一种健康饮品,正在为世界上越来越多的人所接受。过去 20 年,全球茶叶产量和消费量增加了 50%。中国作为世界第一大茶叶生产国和消费国,发展袋泡茶有着巨大的优势。在不产一片茶叶的英国,立顿每年有近 230 亿美元的全球销售额,相当于我国整个茶产业 7 万余家茶企全年产值的 70%;而在喝茶历史最悠久、饮茶人数最多的中国,关于"好茶"的标准不一而足,没有一家真正的国民品牌茶企。区别于立顿等传统袋泡茶常以每千克 20 元左右的大路茶为底茶,平仄袋泡茶精选的茶底甚至有每千克高达数百元的正山小种。消费升级的风口,互联网流量越来越贵,获取用户的成本也越来越高。在这其中,年轻群体对于茶品的选择更加追求个性化,不仅对茶品的味道有独特的认知,更对茶品的包装设计、茶叶种类有着更加苛刻的要求。基于此,米家有品的平仄袋泡茶以其自带互联网属性的出身和粉丝营销基因而具有得天独厚的优势。年轻化和互联网思维成为平仄品牌的内在逻辑,探索茶叶与互联网的深层次结合,"让喝茶变得年轻"成为平仄品牌圈粉路径。与国内外知名设计师、艺术家合作,创造简约时尚的茶品包装,打造年轻人的茶品牌,让茶不再古色古香,掀起国内茶饮革命,继而引领中国茶重获昔日世界茶业王者的荣耀。

传统文化与文创产品的结合,让传统文化更具"流行范儿"。朝珠耳机、故宫日历、微服私访行李牌等产品创意十足又接地气,在年轻人群体中极为盛行。这些来自"网红"故宫博物院的文创产品圈粉无数,让传统文化走出字里行间,借助具体的文创产品"活起来"。"活起来"的传统文化来源于文化诉求的多样性,而文化创意产品恰好可以满足多样的文化诉求。创新传统文化与文创产品的结合方式,有益于加深大众对传统文化的理解,同时扩大了文化消费,真正做到守正开新。

我国的传统经典是中华民族积淀数千年的瑰宝。古诗词作为文化精粹,在当今社会里却遭遇边缘化危机,习近平对此表示:"应该把这些经典嵌在学生的脑子里,成为中华民族的文化基因。"[①]古典诗词歌赋,承载着中华民族的珍贵记忆,一旦弃之如敝屣,势必割裂传统文化根脉,令人心痛。我们需要给予传统文化经典足够的重视,将其在传承中弘扬、在发扬中光大。

传统文化与综艺节目结缘,让传统文化更具"流行范儿"。"美丽中国"城市宣传片已经成为央视的一道靓丽风景线,不仅让观众对神州大地的美景一饱眼福,而且让他们对"大美河南""好客山东""多彩贵州"等城市宣传标语耳熟能详。名家大师走过太多的地方,留下太多的文化印记:泰山是"造化钟神秀,阴阳割昏晓"的泰山;川蜀是"西当太白有鸟道,可以横绝峨眉巅"的川蜀;黄河是"九曲黄河万里沙,浪淘风簸自天涯"的黄河……神州大地的沃土里,处处是传统文化的印记。将传统文化与旅游产业融合,让读

---

① 《习近平:不赞成课本去掉古诗词 应嵌在学生脑子里》,http://www.chinanews.com/cul/2014/09-10/6575551.shtml.

万卷书与行万里路同在，用心感受传统文化，用脚丈量中华大地。近来，《中国诗词大会》《中国成语大会》等极具传统文化特色的节目的火爆，让传统文化在大众当中流行了起来。传统文化结缘综艺节目并非偶然。随着观众欣赏水平的提升，他们对综艺节目的内容要求也上了一个新台阶。此时，更有深度、更具广度、更能触动人心的传统文化便应声而出，作为综艺节目的主要元素出现，结合综艺节目趣味性、互动性等特点，让这些经典文化、古老技艺有了展现的舞台，最终掀起了收视狂潮。

中华优秀传统文化从五千多年的历史长河中发展孕育而来，时间的累积增添了它的厚度，但未将它与当下隔绝开来。让丰富的传统文化资源来到公众身边，让传统文化更具"流行范儿"，才能让每个人感知到传统文化的力量，虔诚地做传统文化的笃信者、传承者、躬行者。中华优秀传统文化具有强大的生命力，只有不断赋予传统文化以新的时代内涵，在弘扬传播中激发我们的民族自豪感和自信心，才能坚定全体人民振兴中华、实现中国梦的信心和决心，使我国优秀传统文化焕发新的生机。

（三）高校引领中华优秀传统文化发展

2017 年 1 月印发的《关于实施中华优秀传统文化传承发展工程的意见》中明确指出高校应开设中华优秀传统文化必修课、在哲学社会科学类专业开设相关课程内容、开展高雅艺术等进校园活动和加强中华传统文化学科建设和保护等。因此，中华优秀传统文化对高校文化建设具有重要作用，高校对中华优秀传统文化传承具有不可推卸的文化责任和文化优势，并应有所作为。

为了更好地对大学生进行中华优秀传统文化教育，山东大学投资建设了一座中华文化体验馆，场馆分为三大块，十六个体验区，含有一百多道体验环节。山东大学通过复古的形式组织学生在场馆里进行一系列场景和文化形式的再现来开展传统文化体验教育。第一，通过学院、社团或通识教育课程组织学生身着汉服、手持竹简、头戴儒巾向孔子行拜师礼进而体验古代礼乐文化，同时主持者会喊着"正冠肃立，拜；兴，再拜；兴，二拜；兴，礼成"。第二，体验馆遴选了许多孔子圣迹图，再加上展览环境的复古布置，学生可以身临其境般地进行体验，比如通过对"尼山祷祝""子贡庐墓"等圣迹图的瞻仰，更加深刻地认识孔子践行"仁、义、礼、智、信，温、良、恭、俭、让"的一生。第三，充分利用这个基地帮助奔赴国外孔子学院和去西部支教的志愿者们进行系统的传统文化课程的学习和体验，再通过他们进行更大范围的传播。山东大学传统文化体验馆的策划设计理念是"这个场馆要具有教学与熏陶的要求和功能，以教育的方式来实现文化的功能以及社会的价值"。其工作人员说："我们希望通过我们的实验与努力建立一种体验式的文化教学模式，这里重点是要突出'活在当下'，并且注重教学的社会化以及生活化，而不仅仅是传统文化的学术与历史。"体验馆采取了很多措施让学生参与文化馆的日常管理和服务。体验馆提供了很多志愿服务平台,学生可以志愿报名从事辅助教学、翻译、摄影宣传等工作,能力较强的同学还可以参与到文稿编撰和教材研发等多种不同层面的服务实践工作之中。

京剧艺术是中华优秀传统文化的瑰宝,在青年一代中加强国粹艺术的传承,是当下高校文化育人工作的重要内容和基本使命。复旦大学坚持把弘扬民族传统文化作为校园文化建设的重要内容,尤其是通过开展京剧艺术教育,培育学生的民族精神,提高文化自觉,增强文化自信,在校园里营造了浓郁的民族传统文化氛围。第一,建立长效机制,将京剧艺术教育纳入到通识教育课程体系。学校一直注重把中华优秀传统文化融合于本科教学工作之中,精心组织和设计课程。从 2007 年开始,复旦大学就把"京剧表演艺术"纳入基础课教育环节,创造条件鼓励学生通过选修这门课程深度感受和体验国粹艺术。自开课以来,每学年有上百人选择这门课,已经初步形成了复旦大学所特有的授课模式。第二,培育传统艺术社团,强化校园文化内涵。复旦大学通过第一课堂和第二课堂模式多渠道进行京剧艺术的宣传教育,在开设京剧课程的同时,也努力发展大学生京剧社团,对其配备专业老师辅导,进而通过不同的形式吸引学生体验或参与京剧表演。比如学校以京剧社团为载体,组织和选拔学生,排练了 4 场折子戏节目,在学校以及其他地方进行多次巡回演出,在第九届全国高校京剧演唱研讨会比赛中获一等奖 1个、二等奖 3 个,学校还获得了优秀组织奖。第三,以留学生为载体,扩大宣传和教育范围。学校积极用京昆艺术对外国留学生进行熏陶,在制定留学生培养方案之时,就将京昆艺术等中国传统文化内容编入留学生的必修课程,以此推进中华优秀传统文化"走出去"。另外还组织留学生成立专门的表演团队进行练习和宣传,比如在 2011 年,由复旦大学留学生组建的"沙家浜"团队就曾在多个大型舞台上表演并获奖,以此也带动了校内师生对传统文化、对京昆艺术的热爱和学习。

中国矿业大学把推进中华优秀传统文化精髓教育作为践行社会主义核心价值观和加强校园文化建设的重要途径,采取一系列措施,取得了显著效果。第一,着力品牌引领,打造校园经典诵读文化。学校坚持举办以"书香校园·阅读人生"为主题的读书节活动,包括"经典名篇接龙""我爱背经典""经典演义"等项目,每年参加学生人数达上万人次;连续多年组织开展"春天里的阅读——五月诗会"大型广场经典诵读活动,师生同台献艺,共享经典神韵;发布《大学生百篇经典诵读指南》,依托"读书协会""诵读协会""镜湖国学会馆"等大学生社团自觉开展各种形式的经典诵读展示和比赛活动,在全校营造了独特的经典诵读文化。第二,着力内涵提升,深入开展经典教学研究。学校组织专家编写中华经典名著导读教材《读书与修身》,在全校开设了"论语""唐诗宋词精选""毛泽东诗词"等中华经典鉴赏课程;建立了苏轼研究院、"红学"研究所、汉文化研究所等科研平台,出版了十多本传统文化专著并发表了百余篇学术论文;开设"镜湖大讲堂",推出系列传统经典讲座,每年邀请5位左右国学名师为师生"传经布道",开展传统文化研究学术交流,在全校掀起了经典与国学研究热潮。第三,着力校地联动,大力推广经典普及活动。学校牵头组织徐州的十余所高校成立大学生徐州历史文化传承与发展联合会,多次联合地方政府开展"大风歌"两汉经典文化知识竞赛、"中国梦·徐州篇"全民经典阅读促进活动;以学校语言文字工作委员会为依托,组织师生广泛开展文化志愿服务,每年暑假都深入中小学和社区开展20余场"经典诵读""名篇赏析"等活动;联合徐州市博物馆、彭城书院、徐州市诗词协会等国学研究机构团体,在全市文化场馆开展"两汉经典文化传承""经典苏轼"等诵读创作活动,形成传承经典文化的联动共建共享格局。

四、结语

越是传统的,就越是民族的;越是民族的,就越是世界的。大学生对优秀传统文化的认知水平和熟悉程度往往是衡量一个民族文化软实力的重要指标,也是中国向世界展示"名片"的前提和保障。青年大学生作为国家的未来、民族的希望,理应成为传承传统文化,进而推动新时代社会主义文化繁荣兴盛的主力军。而当代国际社会竞争中,文化的竞争越来越重要。作为当代大学生,我们应该继承和弘扬优秀的传统文化,大力发展文化产业,增强我国的文化软实力,为中华优秀文化的发扬贡献一分力量。

 拓展阅读

我们需要更严肃更认真的娱乐

早已不看电视很多年,不是因为某一个或者某一类娱乐节目不好看,而是我不喜欢每次打开电视机,只能看到一个比一个绚丽的舞台,一场比一场热闹的现场,还有一个比一个大牌的明星,玩着小学三年级学生喜欢的追逐游戏,还坚持表演乐此不疲。

我不知道这里是不是存在着某种认知上的偏差,就是大家似乎都认为,必须迁就最大范围的选择偏好,才会让电视节目更加娱乐化,直至娱乐到底。按照这个逻辑,我们只是去网罗对大众来说最可能是共同刺激的节目主题,那么除去性、金钱、暴力,热热闹闹的娱乐节目自然是最容易受到大家欢迎的——因为它最简单,最不用脑子。

那么接下来呢? 就像今天的电视屏幕上,已经几乎找不到除了娱乐节目之外的选择之后,电视台是不是也可以稍稍把自己想要吸引的目标人群范围缩小一点,考虑一下我们还想看点严肃节目、看点专业节目的人们的需要呢?

我不建议我的任何一个朋友,去看什么哈佛妈妈的经验总结,或者某个明星老爸的真诚感言——这些从精彩故事中所提炼出来的,某个看起来十分华丽十分美好的心得,

都仅仅是"别人家的故事",很难在我们这些普通人家里简单复制粗暴实行。而我想看到的,是像《超级育儿师》那种"请专业的人、做专业的事"的非娱乐性节目,可以让我们这些"并不排斥思考、不排斥学习"的观众们,耐心从一档电视节目中,收获一些有关孩子有关家庭教育的专业支持。

同样,看看我身边的朋友们,从来没有一个人跟我抱怨说:"啊,现在的娱乐节目太少了!好想看好看的娱乐节目啊!"相反,大家都在朋友圈上互相打听,哪里可以请到很棒的老师讲一场初唐的诗画?其他的,还有历史、金融、插花、养鱼、天体物理、摄影构图、美术基础、数理逻辑、冲浪游泳等等五花八门"有那么一点专业"的知识需求。

好友给我发来一篇文章,是她刚刚给一家育儿杂志写的。朋友是从德国回来的教育心理学博士,而且还是传说中很吓人的那种0分毕业生(德国的毕业成绩越低越了不起,1分为"优秀",0分为"极优秀"),而她转给我的文章,也是我个人很喜欢的育儿指导类专业作品,无论是事件的叙述、知识的讲解还是具体的操作性建议,她都阐述得非常具体清晰。但是因为故事太平淡,情感没起伏,根本没有去努力撩拨读者,所以被毙了。

就是这么一件小事,让我联想到现阶段普遍存在这样一种"不对接",一个特别有趣也特别荒谬的"够不着"。做媒体的朋友都在抱怨当今大众思维上的懒惰和心智上的不成熟,好像我们都特别不愿意认真思考,只知道追韩剧和"找老公"。同时,不做媒体的朋友,都在嫌弃我们本土市场上内容的单一和有限,除了满眼的明星八卦和婆媳打架,总是找不到更多有营养和有专业度的知识信息。

说得高端一点,对于成年人来说,到底什么叫娱乐?什么叫放松?是不是只有闹哄哄的娱乐节目,才是唯一可以给我们带来乐趣的东西?记得我家女儿小的时候,偶尔在学校听到一个笑话,放学回家就讲给我听,见我听完了以后哈哈大笑,她也十分得意,第二天就借来同学的《笑话100则》,追着我一条一条地念。幸好是她亲妈,不然哪儿来那么多的耐心去坚持。

"娱乐"本身是个有很多层内涵的大概念,它不一定就是嘻嘻哈哈的那一种。我甚至很认同,所有不以社会交换为目的,所有没有功利性目标的精力体力投入,都可以是一种认真的娱乐。我们可以这样想一想:一个基金经理下班以后听白居易,对他来说是不是娱乐?哪怕的确需要认真做笔记。

高级一点的娱乐形式,恐怕都需要一些专业深度。希望娱乐节目制造者们,也可以听到这样一种声音。

资料来源:官学萍.我们需要更严肃更认真的娱乐.中国青年报,2016-04-22(10)[2018-05-24].http://zqb.cyol.com/html/2016/04/22/nw.D110000zgqnb_20160422_4-10.htm.

● **思考题**

1. 我们为什么需要偶像的榜样力量？

2. 中国嘻哈浮出水面，怎样看待相互 diss 与炫富拜金？

3. 如何让"互联网＋"引爆传统文化？

把脉中美贸易战走向　反思经济全球化进程

学 习 要 点 ▶▶

1.中美贸易战跌宕起伏

2.中美贸易战的影响

3.曲折发展中的经济全球化

特朗普上台以后,将经济繁荣和贸易平衡视为国家安全的组成部分,将经济领域的中美竞争视为美国战略安全的威胁。2018 年 3 月 23 日,美国总统特朗普正式签署制裁中国的备忘录,要对总价值约 600 亿美金的中国商品加征关税,这意味着中美贸易战的大幕正式拉开。中美轮番出牌,中美贸易战跌宕起伏。然而,中美贸易战没有赢家。中美贸易战,不利于中美的发展,也让经济全球化的进程蒙上了阴影。中美作为世界前两大经济体,已联结成"你中有我、我中有你"的利益共同体,两国唯有合作,才能共赢。

一、中美贸易战跌宕起伏

(一)中美四轮出牌,相互试探

中美贸易战的大幕正式拉开后,前两个回合,中方均及时、强硬反击,特朗普再出手考虑额外对 1000 亿美元对华进口商品加征关税,中方继续强硬回应,中美贸易战升级至第四回合。

第一回合:美方出牌。3 月 8 日美国宣布根据"232 调查",从 3 月 23 日起对进口钢铁加征 25％的关税,对进口铝产品加征 10％的关税。中方出牌。3 月 23 日中国宣布拟对美国水果及制品等 120 项进口商品加征 15％的关税,对猪肉及制品等 8 项进口商品加征 25％的关税,4 月 2 日开始执行。

第二回合:美方出牌。4 月 4 日,美国政府发布了加征关税的商品清单,该清单包含大约 1300 个独立关税项目,价值约 500 亿美元,涉及航空航天、信息和通信技术、机器人和机械等行业。美国贸易代表办公室建议对清单上的中国产品征收额外 25％的关税。此建议清单公布后,将有 60 天的公示磋商期,到期将公布对华"301 调查"最终制裁清单。中方出牌。当天下午,国务院关税税则委员会决定对原产于美国的大豆、汽车、化工品等 14 类 106 项商品加征 25％的关税,涉及 2017 年中国自美国进口金额约 500 亿美元,实施日期将视美国政府对我国商品加征关税实施情况另行公布。清单打击精准,抛出对美国大豆等农产品、汽车、化工品、飞机等的"重磅武器",其中农产品涉及的美国中西部州是特朗普上次大选的主要支持票仓。

前两个回合中,中国均作出及时、坚决、有效的反击,尤其第二回合更及时,打击更精准和具杀伤力。

第三回合:美方出牌。4 月 6 日凌晨,第二回合仅两天后,特朗普再出手,"考虑"额外对 1000 亿美元对华进口商品加征关税。这反映出前两次中方的坚决应对击中美方痛点,特朗普急于试探中方底牌;同时说明美国后手牌依然较多。中方出牌。当日晚 8 点,商务部召开中美贸易吹风会,态度强硬,提出"不排除任何选项""已拟定十分具体的反制措施""毫不犹豫""底线思维",但用词从第二回合的"同等力度、同等规模"转为"大力度"。中方 2017 年从美进口商品规模约 1530 亿美元,预计"大力度"为组合拳:选择部分进口商品以及对美服务贸易加征关税。

第四回合:美方出牌。美国商务部 4 月 16 日宣布,未来 7 年将禁止美国公司向中兴通讯销售零部件、商品、软件和技术。中方出牌。4 月 17 日,商务部公布对原产于美国的进口高粱反倾销调查的初步裁定,决定对原产于美国的进口高粱采取临时反倾销措施。自今年 4 月 18 日起,在进口原产于美国的进口高粱时,应依据裁定所确定的各公司保证金比率(178.6％)向中国海关提供相应的保证金。

(二)局势突变! 一场世界级的谈判拉开大幕

在第四回合博弈之际,美国一改此次贸易摩擦以来的单边主义蛮横态度,向世界贸易组织提交文件:愿与中国就关税问题进行磋商。在美国于 4 月 17 日向世界贸易组织提交的《关于某些中国进口商品的关税措施》文件中,美方称,已收到中方于4月4日就美国对华301调查项下征税建议在世贸组织争端解决机制下提起磋商的请求,虽然中方信函中的美方拟征收关税措施尚未实施,不符合世贸组织相关争端解决机制的相关条件,但美方仍愿就相关问题与中方进行磋商。

5月3日至4日,中共中央政治局委员、国务院副总理刘鹤与美国总统特使、财政部长姆努钦率领的美方代表团就共同关心的中美经贸问题进行了坦诚、高效、富有建设性的讨论。双方均认为发展健康稳定的中美经贸关系对两国十分重要,致力于通过对话磋商解决有关经贸问题。双方就扩大美对华出口、双边服务贸易、双向投资、保护知识产权、解决关税和非关税措施等问题充分交换了意见,在有些领域达成了一些共识。双方认识到,在一些问题上还存在较大分歧,需要继续加紧工作,取得更多进展。双方同意继续就有关问题保持密切沟通,并建立相应工作机制。

第一轮中美贸易磋商,就部分问题达成的共识中,透露出了两个重要信息:

1. 贸易战不是两国所能承受的

美国发起贸易战,有两个理由。一是巨大的中国对美国贸易顺差。这个问题到底有多严重,恐怕两国政府都说不清楚。因为这中间有很多是转口加工贸易,如果去除这部分数值,恐怕贸易顺差会小很多。二是中国制造业对美国制造业的威胁。但美国制造业的衰落并不是中国造成的,而是由全球分工与利润分配决定的。换句话说,这是一种市场行为。至于美国制造业是不是衰弱了,本身就是个伪命题。从这一次对中兴芯片的制裁,让我们看到了自身的不足,也看到了美国高尖端制造业的成熟。而且中美制造业本身所处的阶段并不一样,所谓竞争更是无从谈起。所以,贸易战的根基并不成立。

而中美之间的经济发展,早就互相融合在一起,谁也离不开谁。一方面,中国是美国的第一大贸易伙伴,而美国在这两年也逐渐超越欧盟,成为我国的重要贸易伙伴,两国贸易之间的依存度很高。另一方面,中美作为世界前两大经济体,两国的经济合作发展能够有效地带动世界经济发展,从而为各自提供良好的外部环境及市场支持。真要打贸易战,绝对不仅仅是"伤敌一千,自损八百"那么简单。全球化的发展,让全世界的经济互相联系在一起,因此中美贸易战很可能将全世界卷入更严重的全球经济危机之中。这恐怕不是两国所能承受的。

2. 未来中美贸易谈判依然是一场艰苦的行程

不可否认的是,中美两国在合作的同时,依然存在着"分歧"。这个分歧最大的来源就是美国对中国崛起的担忧。在美国实力相对下降,全球霸权维护成本逐渐增加,国内分化越来越严重,美国对华战略也将越来越趋向严厉的背景下,适时地利用政治经济军事手段对中国进行敲打和敲诈是不可避免的。

而"战略竞争对手"的提法,也恰恰展现了美国不得不慎重地对待越来越强大的中国,同时也预示了未来美国对中国的价码和态度会提高,从而增加谈判的难度。这一次中美贸易谈判,谈得很辛苦,也谈得很艰难,贸易"分歧"并没有完全解决,双方将继续在这次贸易谈判的共识上展开磋商,可见未来的路程依然很艰辛。

但不管怎么说,贸易战以谈判方式去解决本身,就说明了在当前国际格局下,合作比对抗更能解决问题,更有效。

2017 年,在习近平总书记访美期间,中美提出将建立 4 个高级别对话机制("外交安全对话""全面经济对话""执法及网络安全对话""社会和人文对话"),表明两国沟通解决分歧的思路并没有改变。

中美作为在地区和世界具有重要影响的大国,两国保持稳定的合作关系,有利于国际社会的运行,有利于世界经济朝向积极健康的方向发展,也有利于两国国内的正常发展。

(三)未来中美贸易战形势及我方应对

1.未来中美贸易战可能出现的三种趋势

贸易战持续升级。当前,双方态度都比较强硬,美国层层加码,特朗普表态要把加征关税的中国商品价值扩大到 5000 亿美元,而中国本希望通过谈判达成和解,但由于美国咄咄逼人,将中国逼到进退两难的境地。贸易争端持续升级不是不可能,但贸易战不是双方目标,只是互相讨价还价的手段,所以持续升级的可能性很小。

通过谈判达成全面和解。中美双方之间有很大的共同利益,但分歧也比较大,所以全面和解的可能性也比较小。

通过谈判达成局部和解。目前,中美双方都比较强硬,并一一出招,特朗普会继续提出新的要价,中方也必将作出应对。但双方并非想打个你死我活,所以中美之间通过谈判达成暂时性的局部和解,这种可能性比较大。

2.我方应对措施

一是打出组合拳,对部分商品贸易和服务贸易加征关税,分化瓦解美国内部利益集团;不主动扩大交战范围,但做好美国全方位扩大范围的应战准备。

目前贸易战还只是贸易方面,而且是货物贸易,第三回合反击最多扩大到服务贸易,但必须研究准备应对美国全方位扩大范围的措施。尤其要针对特朗普目前在意的中期选举,对摇摆州采取行动,重点打击农业、传统制造、能源等行业,再加部分服务贸易内容,比如旅游、非技术类教育、医疗、金融保险和咨询等。

二是分化瓦解,联合欧盟、东盟、南美、非洲,寻求世界贸易组织等国际协调机制介入,避免贸易战升级扩大。

欧盟当前对美、对华均有利益诉求,且内部天然存在经济发展分化的矛盾。欧盟既希望与美日联合投诉中国歧视性科技许可规则问题,又对美方的贸易保护主义感到愤怒。欧洲理事会在其正式决议中强烈谴责美国的关税政策,认为特朗普政府是在严重破坏世界贸易组织规则,如果美国方面不听规劝一意孤行,欧盟将采取反击措施,已列出长达 10 页的征税清单,拟对价值达 64 亿欧元的几十种美国对欧出口产品征税,税率最高达到 25%。

此种情况下,我方在飞机、汽车等领域可增加对空客、德系法系车辆的进口,有针对性地对欧盟进一步扩大金融等服务业的开放,同时更好保护知识产权,避免形成美欧日联盟。此外,争取南美、非洲国家支持,谋求在世界贸易组织框架下解决问题。

三是继续坚持改革开放这一终极武器。在美国祭起贸易保护主义和民粹主义大旗的同时,中国向世界宣布将以更大力度更大决心推动新一轮改革开放。

现在正是考验双方战略智慧和定力的时候。

二、中美贸易战的影响

作为世界前两大经济体的中美之间贸易战的博弈过程表明,美国已经没有能力真正压制中国,中国也暂时没有实力全面挑战美国。中美贸易战没有赢家,不仅不利于中美的发展,也容易"城门失火殃及池鱼",让经济全球化的进程蒙上了阴影。

(一)对美影响

美国总统特朗普 3 月 22 日签署限制中国对美出口的备忘录以来,美国知名智库和主流媒体,大量刊发文章,深入分析中美贸易逆差的成因,阐述贸易战对美国经济的消极作用。

"美国政府的贸易威胁和关税行动是自 20 世纪 40 年代国际经济体系建立以来最危险的举动。"美国彼得森国际经济研究所所长亚当·珀森撰文指出,特朗普以国家安全为理由,对国际贸易进行大规模操纵,此举将引发受影响国家针锋相对的行动。研究显示,贸易战的爆发将导致美国失业率上升 2 至 3 个百分点,资产价格大幅下降,破坏复杂的供应链和生产链。"特朗普发动了一场不会有明确胜利的攻击。他在竞选中曾声称,不会在毫无意义的战争中浪费美国人的生命和财富。然而,他发起的一场贸易战证明,他的这场'经济战'将像阿富汗战争一样代价昂贵,且毫无结果。"

"历史和逻辑告诉我们,特朗普政府的保护主义措施毫无意义。"卡内基国际和平研究院亚洲项目资深研究员黄育川表示,特朗普曾说"贸易战争是好的,容易取胜",但实际情况是,征收钢铁关税将提高消费品的价格,降低以钢铁为原料企业的竞争力,而不会减少美国巨大的贸易赤字。"特朗普的行为反映了他对贸易原则的根本误解。"

黄育川认为,在生产网络主宰全球贸易体系的时代,贸易是多边的,从双边角度理解国际贸易是片面的。来自一个国家的产品很可能包含来自其他国家的组件,一国与一些国家是贸易逆差,与另外一些国家是贸易顺差,这是合乎逻辑的。事实上,在一国对外贸易中,总体贸易平衡才是最重要的。为了遏制双边贸易逆差,而对一国的特定产品征收关税,并不会导致美国贸易赤字总体上减少,赤字只会转移到另一个国家。

美国《华尔街日报》刊文指出,从日本的电子产品到澳大利亚的铁矿石,亚太地区的经济体依赖于中国的进口。澳大利亚对华出口额就占其出口总额的30%。全球供应链的存在,意味着美国对中国加征关税的政策,以及中国对美国商品的报复措施,并不需要太长时间就会波及亚太地区。

美国《外交事务》杂志网站刊文指出,特朗普政府对中国商品加征巨额关税,将损害美国公司和消费者的利益,并破坏全球贸易体系,损害远远超过收益。文章认为,在大多数情况下,关税是一个糟糕的工具,它提高了消费者以及处于生产链下游企业的生产成本。例如,对钢铁征收关税,对美国钢铁行业或许有利,但对于许多美国制造商来说却是可怕的。据估计,特朗普政府对进口钢铁和铝征收关税或许能创造数万个就业岗位,但同时将抵消美国经济中将近 50 万个就业岗位,这意味着每增加 1 个就业岗位就会损失大约 18 个岗位。文章还警告称,美国政府此举可能会对更广泛的全球贸易体系产生重大连锁效应,其他国家可能会效仿美国提出针对美国的贸易壁垒。"两国政府应该进行建设性谈判,防止贸易争端升级。"

作为世界前两大经济体,中美贸易总值 2017 年达到 3.95 万亿元人民币,两国民众对于对方国家的商品都不陌生。然而,骤然紧张的中美贸易关系,让美国商界人士惊诧不已。

代表了美国经济多种产业的 45 家美国贸易协会向特朗普政府申诉,要求其停止考虑对中国征收关税,以其他方式来处理与中国的贸易争端。这些组织包括科技、零售、农业和消费品产业,其中包括著名的苹果公司、谷歌、IBM、耐克、沃尔玛等。耐克公司高级副总裁肖恩·欧哈伦表示,中国是耐克的重要海外市场和生产基地,中国市场业务对美国俄勒冈州大量研发和管理人员的就业具有支持作用,创造了税收。他说,贸易战对双方都不利,美国单方面行动必将产生负面后果,不仅损害中方利益,也会损害美国消费者和进口商利益。

中美贸易战,让美国农业界人士很担忧。美国艾奥瓦州大豆协会市场总监格兰特

·金伯利在接受记者采访时表达了自己的无奈，"农业贸易是美中贸易中美国能够实现顺差的领域之一，其中大豆和猪肉产品获利最多"。金伯利表示，中国是美国大豆的最大出口国、美国猪肉的第二大出口国，中国的报复措施将会对美国大豆和猪肉生产者造成很大压力，进一步打击美国面临挑战的农业经济。他说，艾奥瓦州和联邦政府农业官员一直警告白宫，如果美国政府对中国产品加征关税，将会带来负面影响，"遗憾的是，白宫对高科技、外来投资以及知识产权的关心要远远超过农业"。

2017年，美国对华猪肉出口达11亿美元。北美肉类协会主席巴里·卡彭特发表声明，对美国政府发起贸易战的做法表示担忧，认为美国政府限制贸易的政策不仅会减少美国农产品的出口，抑制经济发展，而且会最终伤害到美国的农业人口，因为他们将在中国的报复措施中蒙受损失。他认为美国政府应该与中国政府进行建设性谈判，防止贸易争端升级。他表示，美国农业和畜牧业的未来增长，取决于美中之间强劲的贸易关系。

在中方公布的第一批中止减让产品清单中，还包括美国出口的花旗参。威斯康星州花旗参产量约占全美花旗参产量的95%，其中近7成花旗参销往中国内地和香港地区。威斯康星州花旗参农业总会发表声明称，对中国提出对美国进口的西洋参拟征收15%的关税表示关切。"中国是威斯康星州花旗参产业最重要的市场，在2017年，超过85%的威斯康星州花旗参出口到中国或作为礼物运往中国，给威斯康星州的参农带来超过3000万美元的收入。威斯康星州花旗参农业总会希望美中两国政府能够达成一项协议，消除拟议中的关税或减轻对威斯康星州花旗参产业的影响。"

"贸易战没有赢家，受伤害最大的是消费者。"黄育川认为，"世界贸易组织的运行是公平和迅速的，美国要做的是在世贸体系框架内行事，而不是否定这一体系。"

（二）对中影响

考虑到国际贸易的因素，我国普通老百姓难逃各种"蝴蝶效应"。

首先想到的便是各种进口产品、海淘和跨境电商业务。当商务部宣布对原产于美国的水果、坚果、葡萄酒、猪肉等商品中止关税减让政策时，随着税率的增加，这些进口产品的价格也势必将跟着上涨。根据规定，从4月2日起，在现行适用关税税率基础之上，我国对原产于美国的鲜水果及干果制品、葡萄酒、花旗参等产品加征关税15%，对猪肉及制品则要加征关税25%。

这样一来，广受欢迎的美国大杏仁、开心果、巴旦木，还有花旗参等保健品，是不是都要蹭蹭蹭地涨价？还好，现在的情况似乎还没有那么糟。南都记者在对部分跨境电商平台进行采访时得到的回应是，坚果行业目前的原料采购量充足，暂时不会受到关税问题的影响。

　　水果行业的情况也差不多。目前,我国从美国进口的鲜水果主要包括车厘子、李子、橙子、提子、柠檬、苹果等,供货量暂时都比较充足。一些水果进口商还表示,从美国进口并非不可替代,国内来自东南亚、南美洲和非洲的进口水果其实更多;一旦继续征税,可能会考虑从其他国家进口。虽然短期内的影响还不算太大,但若这轮贸易争端继续升级并持续下去,以后从美国进口的商品,可能会变得越来越贵。

　　更要担心的可能还是高新技术类公司。

　　从表面来看,"贸易"是这轮争端的核心议题;但若仔细探究,争夺行业话语权和提高国际竞争力也许才是贸易战的真正目的。让特朗普再次祭出"301调查"这个大杀器的,正是中国正在飞速发展的高新技术产业。

　　近些年,随着科技互联网行业的兴起和发展,中国在高新技术产业方面的进步有目共睹。除了 BAT(百度、阿里巴巴、腾讯)这样的软件和服务供应商之外,华为、中兴等通信基础设施供应商,乃至小米这样的硬件制造商,都已经在国际市场上占据了一席之地。在对技术研发水平要求更高的半导体、精密仪器、航空航天等行业,尽管中国尚未能形成明显的竞争优势,但随着国家在资金和人才等方面的大力投入,曾经的短板正在被逐渐补齐。

　　以通信行业为例,2016 年,华为在国内外申请的专利数量达到 83163 件,连续两年居全球第一,已成为与苹果、三星、高通、爱立信等巨头一样的技术专利大户。如今,就连苹果有的时候也需要向华为购买专利许可。

　　而在该领域一直处于霸主地位的美国,显然不会坐视中国这样崛起而不理。从竞选时起就坚持"美国至上"的特朗普尤甚。与科技公司对着干、在美墨边界修隔离墙、限制移民、关税制裁……特朗普的上台,让美国重新走上了一条保守的贸易保护主义之路。

　　1 月份的时候,美国宣布要对进口太阳能电池、太阳能板以及大型家用洗衣机征收临时性关税;再后来,便是对进口钢铁、铝的加税,以及之后开启的贸易战。白宫贸易顾问彼得·纳瓦罗曾经指出,美国的这一轮关税大战,实际上针对的就是中国近几年推出的"中国制造 2025"计划。

　　从 2015 年开始,为了在国际市场上更具有竞争力,中国官方推出了这个旨在推进包括半导体、无人驾驶汽车、机器人等在内的尖端行业发展的十年计划。几年下来,计划的实施已经卓有成效。

　　但在美国看来,中国的这项计划将严重影响到美国及其他国家相关行业企业的市场公平竞争。纳瓦罗曾在接受 CNBC 采访时表示:"长期以来,中国窃取我们的知识产权,还强迫转让技术,我们希望中国从根本上与我们合作,处理好其中的一些做法。"他们认为,这些领域的中国企业之所以能够快速成长,往往是依靠中国市场的竞争优势,来"强迫"外国企业转让自己的专利和技术;而这些行业的产能激增,也会导致市场供需失衡。

这种"中国原来需要进口、现在却可以自给自足"的前景,是以重振美国制造业为目标而当选的特朗普不愿意看到的,更是一种比"中国变有钱"更能产生深远影响的"威胁",也难怪美国要想方设法地阻挠了。

华为、中兴等公司近些年在美国的遭遇就可以说明一定的问题。可能会威胁国家安全、违反出口管制规定、保护知识产权……为了不让来自中国的"黑马"影响到自己的市场地位,美国政府非常善用这些理由来影响中国科技公司在美国的业务发展。

不久前,美国连锁零售商百思买才刚刚决定,将停止在自己的销售渠道中售卖华为手机。在更早的时候,两家电信运营商也取消了与华为手机的合作。至于华为、中兴更加擅长的网络通信基础设备,在美国政府对其本土品牌思科的保护下,更加不太可能有什么太大的市场拓展空间;而且,两家中国公司还常常因为对手的指控和阻挠,屡次在美国市场碰壁。

如果仍然延续目前的这种"保护主义"发展方向,难保在"中国制造2025"下发展起来的小米等公司,不会像华为、中兴一样被美国区别对待、随意"开刀"。

三、曲折发展中的经济全球化

回顾近代以来人类的历史,我们已经经历了三次全球化的浪潮:

地理大发现时期(商业推动)。指从15世纪到17世纪欧洲的船队出现在世界各处的海洋上,寻找着新的贸易路线和贸易伙伴,以发展欧洲新生的资本主义。伴随着新航路的开辟,东西方之间的文化、贸易交流开始大量增加,殖民主义与自由贸易主义也开始出现。

两次世界大战(政治推动)。建立了联合国等一系列的国际组织,形成了处理国际事务的全球性机制,并由此形成了真正意义上的国际政治经济秩序。1944年布雷顿森林体系的建立,确立了国际货币金融体系。1947年关贸总协定的建立,确立了以自由贸易为特征的国际贸易体系。但冷战时期,整个世界形成两个部分,经济也是分成两个不同的体系,即欧美的西方市场经济体系和苏联东欧的经互会经济体系。那时的全球化实际上是半球化。

冷战结束(资本与技术推动)。全球化的政治障碍被清除,率先释放出的是资本这个全球化的先锋要素,使得资本开始具有真正的全球性特征。真正意义上的全球化资本的形成,意味着国界的淡化,资本无国界从理念变成现实。与此同时,这也就意味着全球性的资本在从本国的社会结构中抽离。美国的劳工和一般民众,对华尔街的资本甚至比其他国家的民众还要陌生。

全球化的内部张力,特别是不均衡,逐步使钟摆摆向全球化的另一端。全球化的过程比人们原来想象的要复杂得多。在这当中,至少有两个问题是人们原来没有意识到。第一,全球化过程对发达国家内部社会结构失衡的影响。在 1998 年,鲍曼就说过一句很有预见性的话:对某些人而言,全球化是幸福的源泉;对另一些人来说,全球化是悲惨的祸根。这一点,在他说完这句话之后的 20 年间,被不断地证实着。第二,人们更没有想到,在全球化过程中,像中国这样的大体量而体制又是迥然不同的国家,成了全球化最大的受益者,并对在全球化过程中居于主导地位的西方国家——尤其是美国,构成了巨大的挑战。

(一)经济全球化中的中美角色

1.美国挑起贸易战有违时代潮流

面对总统挥出贸易大棒,美国国内不但没有欢欣鼓舞,反而忧心忡忡。美国民众担心保护主义政策造成商品价格上涨,生活成本增加,由此深受其害;美国企业不愿看到原材料价格提升,出口遭受重创;农业、交通等部门对自身恐"躺枪"忧心忡忡。

美国传统精英对特朗普的做法明确提出异议。美国国会 100 多名共和党议员签署信函,敦促总统修改钢铝高关税计划,反对大面积广泛征税。美国前财政部长萨默斯等有识之士在北京出席中国发展高层论坛时也关注美国挑动贸易争端问题,并发出警告,"贸易战和核战争一样,没有赢家"。

国际社会也对美国的单边保护主义倾向呈现普遍反对的态度。欧洲等美国传统盟友已经就钢铝高关税提出质疑。德国新任经济部长阿尔特迈尔赴美,与美国就惩罚性关税问题进行讨论。阿尔特迈尔提出,美国与欧洲间的贸易争端最后会成为双方人民的负担。

美国政策受到多方质疑,根源在于"美国优先"原则。今年 1 月,特朗普在瑞士达沃斯举行的第 48 届世界经济论坛年会上发表演说时表示,作为美国总统,会一直坚持"美国优先"。尽管特朗普解释,"美国优先"不代表美国孤立,但美国依然强调将凸显本国利益诉求。这种表态实际上加剧了国际舆论对美国政策逆全球化趋势的担忧。

2.中国正成为全球贸易体系的稳定器

相比之下,各方念念不忘习近平主席在世界经济论坛 2017 年年会上发表的重要演讲。习主席指出,中国坚定不移地发展全球自由贸易和投资,在开放中推动贸易和投资自由化便利化,旗帜鲜明地反对保护主义。习主席将搞保护主义比喻为"把自己关进黑屋子",正告各国,打贸易战的结果只能是两败俱伤。论坛创始人兼执行主席施瓦布教授表示，2018年年会主题定为"在分化的世界中打造共同命运"，意在继续顺承习主席去年在论坛主旨演讲中提到的"共建人类命运共同体"的主张。

4月8日，博鳌亚洲论坛2018年年会发布3份报告，分别为《新兴经济体发展2018年度报告》《亚洲经济一体化进程2018年度报告》《亚洲竞争力2018年度报告》。3份报告显示，与往年相比，2017年新兴经济体经济增速明显提升，总体呈现向好态势，亚洲整体竞争力增强。与会专家表示，随着贸易保护主义抬头，中国等新兴经济体对世界经济回暖的拉动作用更显可贵，亚洲国家应加快区域全面经济伙伴关系（RCEP）等谈判，推进亚洲经济一体化和经济全球化。

《新兴经济体发展2018年度报告》显示，2017年，E11（新兴11国，指20国集团中的11个新兴经济体，亚洲国家占了多数）GDP增长率约为5.1%，比世界经济增速高1.4个百分点，总体呈现向好态势。作为最大的新兴经济体，中国经济增速达6.9%，对全球经济增长贡献约1/3，并继续扮演着最大贡献者角色。中国社会科学院世界经济与政治研究所所长张宇燕表示，展望2018年，新兴经济体经济有望继续保持良好增长态势，但劳动生产率、特朗普政府税制改革的溢出效应等因素仍不可忽视。

《亚洲竞争力报告》连续8年对37个亚洲经济体竞争力进行评估。报告撰稿人、中国国际经济交流中心学术委员会委员王军在接受记者采访时解读了《亚洲竞争力2018年度报告》的亮点。一是随着亚洲经济一体化进程持续推进，亚洲各经济体开始初步享受到巨大红利；二是亚洲整体竞争力增强，而且主要经济体经济形势表现出趋稳向好、稳中有升的特点；三是亚洲经济体经济社会发展的稳定性和连续性不断增强；四是各经济体竞争力强弱有固化倾向，但综合得分差距在缩小。王军认为，预计未来3到5年，中国在亚洲仍将保持较为旺盛的竞争力，仍将成为亚洲乃至世界经济增长的主要引擎。

《新兴经济体发展2018年度报告》指出，2017年，在美国等主要发达经济体政策内顾倾向加重的背景下，E11与发达经济体之间的贸易和投资谈判进展缓慢。二者冲突的一大表现是近期上演的中美贸易争端。

约翰·霍普金斯大学东亚研究中心主任肯特·凯尔德教授告诉记者，"中国正逐渐成为全球贸易体系的稳定器，这个角色对全球而言非常重要。我相信，两国民众、多数跨国公司都不希望中美打贸易战"。他认为，中美需要进行谈判，许多问题还有机会解决。

今年是美国房地产公司莱纳国际总裁马林第三次参加博鳌亚洲论坛，他在接受记者采访时说，过去数十年间，多边贸易关系对跨国公司发展，对许多国家的经济繁荣、和平稳定作出了巨大贡献，贸易战会摧毁这些成果。

中国国际经济交流中心首席研究员张燕生表示，近年来全球GDP、贸易、投资、制造业等出现复苏势头，此时美国对中国挥舞贸易保护主义大棒，会让全球对经济复苏的信心、预期和未来展望造成伤害。他说，"历史上，全球化两次因保护主义盛行而中断，发生了美国经济大萧条、石油危机、全球动乱等，贸易保护主义会给世界带来更多不确定性，这十分危险"。

《亚洲经济一体化进程 2018 年度报告》指出，全球化倡导的自由贸易，是亚洲经济一体化的重要推动力量。"在部分发达国家挑起贸易摩擦、贸易争端等逆全球化时，亚洲始终坚定不移地在中国的倡导、带领下，通过博鳌亚洲论坛、'一带一路'建设、构建亚洲和人类命运共同体等方式，推动区域一体化、全球化，实现共享共赢共建，和一些西方国家形成了鲜明对比。"王军表示。

尽管亚洲贸易表现持续向好，但亚洲经济一体化未来进展也面临西方反全球化情绪、一些跨国企业倾向于缩短全球供应链等方面的挑战。

对外经济贸易大学副校长林桂军认为，亚洲一体化目前尚存在一些问题。为此，必须高质量完成 RCEP 谈判，扭转逆全球化趋势，推动亚洲经济、贸易以更高速度增长。

博鳌亚洲论坛秘书长周文重表示，为应对挑战，亚洲各经济体应制定明确政策，处理全球价值链的结构性变化，并找到创新性增长方式；同时，共同努力应对宏观经济和贸易方面的外部压力，抵制西方发达国家的保护主义压力；在协同合作方式下不遗余力地深化金融改革，激发本地区增长潜力；建立强烈的共同体意识，积极参与冲突管理，培养管理潜在冲突的技能并制定指导方针。

"中国人讲，'风物长宜放眼量'，负责任的大国应该登高望远。"张燕生说，合作是中美两个大国唯一正确的选择，希望中美能够同舟共济、共同合作，为全球化注入更多正能量。

（二）全球变局的机遇与挑战

2018 年，对中国而言是改革开放 40 周年，对世界而言是国际金融危机 10 周年。历史不是线性向前发展的，跌宕起伏和曲折反复才是常态。当前，世界局势愈加变幻莫测，全球化前景混沌不清，全球政治经济形势正经历深刻变动。在混沌中找出全球化前行的轮廓并予以"再定义"，不仅需要哲学家的眼光、政治家的睿智、经济学家的判断，同样需要普通老百姓的直觉和感受。中国作为新兴发展中大国和影响力日益上升的社会主义国家，如何适应全球化新形势和世界政治经济新变局，积极引领全球化进程和全球治理体系的调整？

1. 全球化仍是大势所趋

"历史不会终结。"冷战结束后，美国学者弗朗西斯·福山断言，美国的民主自由思想体系已经占据永久的统治地位。但现在我们看到，全球化已把各国联结成"你中有我、我中有你"的利益共同体,生产要素的全球流动、世界市场的形成、全球治理体系的建立与逐步完善等制度性安排和规范符合世界各国利益,有利于全球生产链的发展和贸易投资的扩张,故而不会因为全球化的波折而倒退或消失。换言之,全球化的大趋势不会改变,历史将继续前行。

以中国为代表的发展中国家群体性崛起,正在改变国际力量对比。无论是政治还是经济,全球治理从过去的"西方治理"向"东西方共同治理"转变的历史潮流不会逆转。其间会有矛盾和摩擦,甚至会出现反复和冲突,但是西方"一统天下"的时代已经一去不复返。中国经济力量上升必然要求中国深入参与全球治理,为全球提供符合各国共同要求的"公共产品",这是全球化新时期大国成长的必然路径。

孕育全球化、保障全球化发展的国际体制机制仍将延续。第二次世界大战胜利后建立起来的以联合国为核心的国际秩序和各种制度性安排不会倒塌,而是在调整、改革、完善的基础上更加公正、公平、合理,给予发展中国家更大的发言权和决策权。在可预见的将来,以大国战略均衡为基础和保障的和平局面仍将得以维持,虽然局部战争和冲突难以避免,但是世界大战依然打不起来。

2. 新时代全球治理的核心问题

全球化需要全球治理,治理的本质是国际制度和规则的竞争。如今,全球治理面临一系列严峻挑战,全球化出现许多新变化、新发展,是历史在倒退,还是历史发展进入一个"新全球化时代"?思考这个问题,有三点值得注意:

首先是全球化的普惠性。全球化不是也不应成为少数国家和利益集团的特权,必须是各国百姓普遍参与、共同富裕的进程。2017 年 5 月,中国召开"一带一路"国际合作高峰论坛,推进倡议的全面落地,正是想给各国人民带来更多的参与感、获得感和幸福感。中国帮助非洲发展的思路凸显了全球化的普惠性。2015 年习近平主席访问非洲时提出中国帮助非洲发展"十点计划",第一条就是帮助非洲国家实现工业化,非洲国家不能延续西方强加的单一经济发展模式。

其次是重视全球宏观协调、联动发展。世界经济是"一盘棋",需要加强协调与合作,不能各干各的,相互踩脚。过去不仅发达国家难以协调自己的宏观政策,更谈不上世界范围的宏观协调。中国在这方面身体力行,早在 2016 年主办 G20 杭州峰会时,就确立了宏观政策协调机制,并把发展议题正式列入议程并取得实际成果,为各国经济联动发展奠定了扎实基础。这是克服世界经济失衡的重要步骤。

再次是中美两大经济体相向而行。中美在全球治理中加强合作,反对保护主义,促进自由贸易和投资便利化,将给世界强烈的信号,提振市场信心,减少波动风险。中美经济相互依存如此之高已经把两国经济紧紧地绑在一起,形成利益共同体。动辄搞反倾销、贸易救济调查,甚至不惜打贸易战,其结果往往是两败俱伤。

3.在全球治理中融入中国思想

在全球治理中融入"中国叙事"和中国方案,形成中国思想,逐步改变以新自由主义为代表思想的"西方叙事"独行天下的局面,使国际秩序和全球治理体系更加公平、公正,这将成为全球化和全球治理新时期的主旋律,贯穿整个历史转折期。现有国际制度和制度性安排也将发生相应的转变和转换。

从目前世界各国已经形成事实上的利益共同体到建设休戚与共的人类命运共同体,是各国在全球化新时期的良好愿景和理想,目的是消除由于发展水平不同、意识形态各异、文明文化差异、国家实力不等,而在全球化过程中出现获利不同的不平等、不公正、不公平现象。建设人类命运共同体还将为历史转换期大小国家和平相处,避免大国陷入"修昔底德陷阱",创造有利的国际大环境。

以全球伙伴关系代替军事同盟关系,以和平相处、和平竞争代替你死我活的"零和博弈",走出一条全球化新时期不对抗、不冲突、相互尊重、合作共赢的新道路。亚太将是关键的地区,因为其中包括中国、美国、俄罗斯、日本、东盟这些当今大国和主要地区国家组织。欧洲、中东也面临同样的选择和挑战。

中国作为新兴大国坚持走和平发展道路,在全球化和现有国际体系的大框架内发展壮大,有望在未来几十年里成为世界强国。这是西方工业革命几百年来前所未有的现象,其能否成功不仅取决于中国自身的努力和坚守,也取决于国际社会能否维持和平发展的大环境。

4.负责任大国与负责任治理

在世界政治经济双双进入"新常态"的历史时期,中国作为发展中大国和全球性大国,在几十年快速发展和国内成功治理的基础上,正在积极推进世界和平与发展事业,深入参与全球治理,无论从理论还是实践上,都努力提供体现中国智慧的全球公共产品,继续做世界经济增长的火车头,继续为国际秩序的转换和调整、为全球治理体系的改革与完善做出自己的贡献。在当前历史时期,中国参与全球治理需重点处理好以下关系。

"此扛旗"并非"彼扛旗"。作为全球治理体系改革和国际秩序重塑的引领者之一,中国需要在处理国际事务,特别是全球治理部分领域中"扛旗"牵头,但那是在这些领域发挥建设性的引领作用,贡献中国的思想、智慧和方案,为国际新规则的制定和新制度安排做出自己应有的努力,而不是放弃"韬光养晦",满世界去"扛旗"、去替代谁当领导。中国根本无意这样做。中国在气候变化领域发挥的作用就是一个典型的例子。

补充完善而非"另起炉灶"。整个全球治理体系改革的难题如何破解?这实际上涉及国际秩序的重新塑造,需要在更加公平、公正的基础之上完善国际秩序以及全球治理体系。这自然会牵涉如何处理新秩序与现有秩序的关系、新规则与现有规则的关系、新兴大国与霸权大国的关系等。整个国际秩序和全球治理体系出现的问题，确实不是仅仅靠修修补补就能彻底解决的，但是这一进程必须是逐步改革、补充、完善的过程，并非"另起炉灶"，推倒重来，更不是哪个国家替代另一个国家。全球治理体系改革涉及各国根本利益和全球化利益的分配格局，需要各国充分协商和谈判，需要建设具有合理、广泛代表性的有效平台，更需要有"同舟共济"的精神和共识。这在一个大动荡、大变革、大调整的全球化和全球治理新时期，是个必须迈过去但同时困难重重的一道坎。通过中国和其他国家的共同努力，使命运共同体思想成为各国的共识，使全球伙伴关系网络取得更大成功，这将是今后几十年国际社会共同面临的历史考验。

化解地缘政治矛盾，避免陷入"修昔底德陷阱"。如何破解地缘政治的冲突和纠葛，为全球化新时期新型全球治理消除障碍、铺平道路？反过来如何通过更加公平、公正的全球治理来创造各国共同发展、共同繁荣的双赢和多赢局面，为化解地缘政治矛盾创造条件？在全球化和全球治理中出现"逆全球化"和严重"碎片化"的同时，世界主要地区地缘政治矛盾也在加剧，两者叠加的冲击力和破坏力不小。只关注地缘政治矛盾、追求地缘政治"优势"，必然导致国际大环境的恶化和大国冲突，而一味推诿于全球化出现的负面因素，不努力解决诸如贫富差距扩大、社会矛盾激化等重大问题，则有可能使全球化进程夭折，从而激化各种社会矛盾和国际冲突。一战和二战的历史悲剧虽不太可能重演，但两次战争浩劫人类付出巨大代价的深刻教训不可忘记。

目前，恐怖主义泛滥、民粹主义思潮席卷全球、移民潮汹涌而至、自由贸易与保护主义矛盾加剧……这些现象其实在很大程度上涉及各国文明之间是相互融合还是相互冲突的深层次问题。中华文明素来以"海纳百川，有容乃大"为特点，从而成为世界上历经5000多年、唯一没有中断的古老和现代文明。如何更好地利用中华文明的核心价值理念来化解现代世界各种文明相互竞争、相互排斥的难题，是对中国参与乃至引领全球治理和国际秩序重塑的严峻考验。

四、结语

在"中国发展高层论坛2018年会"上，美国政府的单边贸易保护主义行为成为与会嘉宾热烈讨论的话题。不论是政治领域，还是经济领域，甚至是人工智能领域的人士，只要一谈到这个话题，第一个动作就是摇头，第一句话就是——贸易战真不好！

对抗和争吵会让双方迷失，深入沟通和共同发展才是硬道理。正如美中关系全国委员会会长欧伦斯在采访中所说，中美不是对手，也不会成为对手，而应该成为永远的朋友，美国应该更加着力推行积极接触中国的政策，美中必须要加强合作，减少对抗。

"每天早晨都应该好好想想,中美携手可以为世界做这么多贡献,为什么我们不进一步加强美中之间的伙伴关系呢?"

美国单方面挑起贸易争端开了恶劣先例。贸易战没有赢家,"美国优先"最终伤害的是全球利益。在房地产业或许这是一场零和博弈,但国际贸易的逻辑绝不是"我要赢,所以你必须输"。2017年中美双边贸易额突破5800亿美元,这充分说明两国早已紧紧联系在一起。与其单方面挑起贸易战,不如坐下来谈谈,唯有合作才有共赢的未来。

● **思考题**

1.中美贸易战的实质是什么?

2.中美贸易战的影响有哪些?

3.经济全球化进程中中美两个大国应该有什么样的责任与担当?

关注国内社会动态　回顾当前民生热点

学习要点

1."复兴号"高铁 vs 波音、空客

2. 国务院公布《快递暂行条例》

3. 杭州"保姆纵火案"谁来担责

所谓民生,通俗地讲就是老百姓衣食住行的需要,是老百姓过日子所遇到的种种问题,可以延伸到经济、社会、政治、文化等任一领域。民生是构成社会生活的最基本内容,也是国家和社会组织活动的重要目的。

正如习近平总书记所言,保障和改善民生没有终点,只有连续不断的新起点,要采取针对性更强、覆盖面更大、作用更直接、效果更明显的举措,实实在在帮群众解难题、为群众增福祉、让群众享公平;要从实际出发,集中力量做好普惠性、基础性、兜底性民生建设,不断提高公共服务共建能力和共享水平,织密扎牢托底的民生保障网、消除隐患,确保人民群众安居乐业、社会秩序安定有序。

同时,我国进入了社会矛盾多发期,各种人民内部矛盾和社会矛盾较多,而我们的社会管理工作在很多方面还跟不上。各级党委和政府要深入研究人口大规模流动、利益多样化、社会信息化、思想文化多元化形势下的社会管理规律,拓宽思路,完善体制机制,注重源头治理,加强思想政治工作,依靠社会力量,坚持依法办事和依法维权相结

合,不断提高社会管理科学化水平,促进社会和谐稳定。

一、"复兴号"高铁 vs 波音、空客

2017 年 6 月 26 日,"复兴号"中国标准动车组首次上线运营,成为中国铁路发展史上万众期盼、世界瞩目的历史时刻。习近平主席在 2018 年新年贺词中提到,"'复兴号'奔驰在祖国广袤的大地上"[①],这是对中国铁路人的充分肯定和巨大鼓舞。

(一)"复兴号"中国标准动车组强在哪儿?

"复兴号"是具有完全自主知识产权的中国标准动车组,是中国名片,代表了中国制造,见证了中华民族的伟大复兴。据新华社 2018 年 5 月 19 日报道,在天津举行的第二届世界智能大会上,中国中车股份有限公司总信息师王勇智透露,在我国"复兴号"动车组采用的约 250 项重要标准中,中国标准占了 84%。近年来,中车以数字化、网络化、智能化等为实施路径,不断推进管理创新、技术创新和商业模式创新,"复兴号"正是智能创新的集大成者。基于人工智能的实时司机操作行为分析系统,根据操作和视频检测数据,能自动分析司机驾驶行为特点,实现对司机行为的预警,有效提升了安全性。此外,"复兴号"融合了 3G 及 4G 技术,能让用户在列车上实现办公、社交和娱乐,用户体验更为舒适。

1. 自主研发,创立中国标准

高铁技术始于日本,兴于欧洲,如今中国一马当先。从追赶到引领,从中国制造到中国标准,中国高铁走过了高效而辉煌的引进、消化、吸收、再创新之路。

10 多年前,中国曾引入来自日本、德国、法国、加拿大等国的 4 种型号列车,吸收各国技术之长,并以此为基础研发出"和谐号"动车组。然而,标准不统一也带来了麻烦。车上的零部件不能互换,每种车都要有备用车停在车站;司机的操作也不同,一换车型就得重新学习。

2013 年 6 月,在中国铁路总公司主导下,中国铁道科学研究院技术牵头,集中国内相关企业、高校、科研单位等优势力量,正式启动中国标准动车组项目。

"标准动车组要建立统一的技术标准体系,实现'互联互通',不同的车互为备用,备品备件统一型号。"中国铁道科学研究院首席工程师赵红卫说。

---

① 《国家主席习近平发表二〇一八年新年贺词》,http://www.gov.cn/xinwen/2017-12/31/content_5252083.htm。

从设计方案到组装调试,再到下线开展试验,4 年的时间里,中国标准动车组实现了牵引、制动、网络控制等系统的全面自主化,构建的技术标准体系涵盖了动车组基础通用、车体、走行装置、司机室布置及设备等 10 多个方面,达到国际先进水平。

2017 年 6 月 26 日,"纯中国血统"的"复兴号"在京沪高铁惊艳亮相——两列灰红交错的流线型"子弹头"分别从北京南站和上海虹桥站驶出,进行实车、实重和实速检验检测。3 个月后的 9 月 21 日,"复兴号"以 350 公里的时速在京沪线上正式运营,树立了世界高铁商业运营的新标杆。

"'复兴号'在研制过程中大量采用中国国家标准,在 254 项重要标准中,中国标准占 84%。"中国铁路总公司党组书记、总经理陆东福表示,将中国标准动车组命名为"复兴号",展示了中国铁路服务经济社会发展、创造人民生活新时空的美好愿景。

赵红卫介绍,与"和谐号"相比,"复兴号"车体更宽更高、乘坐舒适性更好,而且增加了高兼容性、不脱轨等优势;车厢内还实现了 WiFi 网络全覆盖,席位指示也改为电子显示。

跑得更快,能耗却更低。实测结果显示,在 350 公里时速下"复兴号"京沪高铁往返一趟能节省 5000 多度电,总能耗下降了 10%。

在 350 公里时速"复兴号"中国标准动车组技术平台基础上,中国铁路总公司已启动时速 250 公里和时速 160 公里的"复兴号"中国标准动车组列车的研制工作,以满足不同线路的运输需求,实现列车操纵、运用及检修的统一。

2. 创新驱动,高速与安全兼得

受"中国高铁上硬币不倒"网络视频的影响,很多第一次坐上"复兴号"的国内外乘客都会尝试立硬币、倒立矿泉水瓶。结果当然不会让他们失望,"复兴号"时速达到 350 公里时,车厢内硬币能够轻松立住并保持状态超过一分钟,倒立的矿泉水瓶更是全程不倒。

高速环境下,车厢能如此平稳,得益于"复兴号"的流线型车头和平顺车体。中国铁道科学研究院首席研究员王悦明介绍,以前动车组凸出的天线、高压设备现在都"藏"进了车顶的凹槽里,连门窗都与车体完全齐平,车辆运行阻力下降 7.5% 至 12.3%。

高速保持稳定只是"复兴号"技术创新的一个缩影。动车组是一项庞杂的系统性工程,背后凝聚了无数科研人员的智慧和心血。

为了探索高铁路基沉降控制与修复的方法,浙江大学研制出"高速铁路列车运行动力效应试验系统",能够准确模拟全国各地高铁运行的情况,一个月就能交出现实中长达 10 年的高速列车荷载数据;轮轴曾一度是我国的制造弱项,太原重工轨道交通设备有限公司打破国外技术垄断,实现了高铁车轮、车轴从冶炼到轮对总成的工序全覆盖,运营表现与进口车轮相当;中车株洲电机有限公司研制出被誉为"3.0 版高铁动力"的永磁同步牵引电机,驱动高铁迈向更高效、更节能的新层次……

创新不止,成就不断。在 1 月 8 日召开的 2017 年度国家科学技术奖励大会上,"高铁列车用高可靠齿轮传动系统"等 4 项与"复兴号"有关的技术应用荣获国家科学技术进步奖。

速度越快,对运行安全的要求也越高。"复兴号"全车有 2500 余个传感器,比以前动车组多出 500 余个。"这些传感器就像眼睛一样,时时刻刻对列车的运行状态、轴承温度、冷却系统温度、制动系统状态、客室环境进行监测。"中国铁道科学研究院研究员张波说,列车出现异常时,安全监测系统可自动报警或预警,并能根据安全策略自动采取限速或停车措施。

主动安全之外,还有被动防护。"复兴号"的车头采用了车钩缓冲装置、防爬吸能装置和车体结构三级吸能设计,为的就是防止司机室和乘客车厢出现大变形,保护人员安全。

中国铁路总公司总经理特别技术顾问、中国工程院院士何华武表示,"复兴号"完成了整车 60 万公里运行考核,比欧洲标准还多了 20 万公里,设计寿命由通常的 20 年提高到 30 年。

3. 稳步向前,建设现代化铁路网

2017 年 12 月 28 日,全国铁路系统再次调整运行图,连接石家庄和济南的石济高铁正式开通运营,标志着"四纵四横"高铁网的最后一横正式收官。2017 年年底,全国铁路营业里程达到 12.7 万公里,其中高铁"刻下"2.5 万公里新里程,占世界高铁总量的 2/3。

此次调图后,"复兴号"再次扩容。随着更多的"复兴号"从京津冀区域发出,越来越多的人也开始关心"350 公里时速啥时到我家"?

"中国要形成从 250、300 到 350 公里时速的高铁系列产品,350 公里是其中等级最高的,但不代表全部。"何华武介绍,高铁全面提速需要一个过程,要根据不同的出行需求、不同地区的经济条件综合考虑。

但可以明确的是,随着"复兴号"下线数量和出行需求增加,提速的列车数量也会逐步增加。中国在运营的高铁中,约有 1/3 是按 350 公里时速设计建造的,今后将根据各线路的达标条件逐渐提高时速。

据介绍,2018 年,"复兴号"家族还将不断"添丁",其驰骋半径将从京沪高铁延伸到全国 23 个省市区,让更多中国人感受新时代的"复兴动力"。

根据国务院印发的《"十三五"现代综合交通运输体系发展规划》,到 2020 年,我国将基本建成安全、便捷、高效、绿色的现代综合交通运输体系,高铁将覆盖 80% 以上的城区常住人口 100 万以上城市。"届时,动车组保有量将达到 3800 标准组左右,其中'复兴号'动车900组以上。"陆东福说。

数字在增长,脚步不停歇。陆东福表示,未来铁路人还将继续奋斗,力争到2025年,我国铁路网规模达到17.5万公里左右,其中高铁3.8万公里;到2035年,率先建成发达完善的现代化铁路网。

(二)研制和运行"复兴号"中国标准动车组的意义

1."复兴号"中国标准动车组的研制和运行改变人们的出行方式

目前,"复兴号"开行的京沪高铁位于我国东部的华北和华东地区,两端连接环渤海和长三角两个经济区域。这里既是中国社会经济发展最活跃的地区之一,也是我国客货运输最繁忙、增长潜力最大的客运专线。"复兴号"的开行使得铁路部门在不断攀升的客流面前越来越从容,越来越淡定,可以说,"复兴号"改变了京沪高铁沿线城市之间的运输格局。高效的速度、优美的环境让旅客出行计划更加从容,旅途时间进一步缩短,乘坐体验更加舒适,自然就会大大缓解铁路的运输压力。

铁路总公司正在组织实施京沪高铁标准示范线建设,并与国家有关部委、地方政府共同协调推进沿线保护区环境综合治理。"复兴号"在京沪高铁率先开行,对于进一步提升京沪高铁运营服务品质,打造中国高铁国际品牌具有重要的示范引领作用。"复兴号"高速动车组的性能品质,为人民群众出行提供更加舒适快捷的旅行体验。

"复兴号"动车组的上线运行,对服务质量有了更高的要求。京津城际车队列车长张惠萍表示,乘务组在车厢服务上会更加精益求精,并推出温暖贴心的定制化服务。针对一些行动不便、儿女不在身边的老人,提供全程温情护送;对家长身边的小朋友提供更细致的关爱呵护;为广大商务旅客提供尊享服务;为初次出行的旅客提供引导式服务;为一些观光类旅客提供"导游式"服务。"复兴号"动车组根据不同类型的旅客,提供不同类型的服务,做到尊老爱幼,减少乘坐陌生感,提升乘坐幸福感。

2."复兴号"中国标准动车组的研制和运行改变世界高铁技术格局

运营时速350公里,最高时速可达400公里——自2017年9月21日亮相京沪线以来,完全由中国自主设计和制造的"复兴号"动车组跑出全球最高商业运营速度,比日本新干线列车和法国TGV高铁还要快,惊艳世界。

记得几年前,京沪高铁正式运营的前夕,日本一公司总裁在记者会上公开质疑中国高铁的技术含量,认为是"盗版新干线",甚至主张对中国高铁采取抗议措施。当时铁道部的专家义正词严地回应,日本新干线时速300公里,中国高铁时速350公里,"最高时速提升的过程为中国自主开发,中国拥有自主知识产权"。如今,随着中国高铁在世界的影响力日益扩大之时,350公里时速让中国高铁的牌子更亮、腰杆更硬。

中国高铁跑出世界速度的背后,是中国高端装备制造的崛起。从 2004 年制定高铁发展规划图至今,中国高铁从无到有,从低头学习到超越引领,在"加速跑"中刷新中国前进的速度,也在悄然改变全球高铁技术格局。

中国外文局发布的《中国国家形象全球调查报告 2016—2017》显示,海外认知度最高的中国科技成就中,高铁以 30％至 40％的认可度高居第一,成为科技创新的国家形象。

"世界轨道交通装备技术起源于欧洲,全球高端市场历来为欧美日等跨国公司所垄断,如今这一局面正被中国改变。"中国工程院院士刘友梅说,中国高铁在自主研发的基础上"引进消化吸收再创新",现已跻身世界第一方阵。

3."复兴号"中国标准动车组的研制和运行是中国制造走向世界的重要标志

在中国标准动车组研制过程中,我们坚持以我为主,大量采用中国国家标准、铁道行业标准、铁路总公司企业标准,以及专门为新型标准化动车组制定的一批技术标准,在涉及的 254 项重要标准中,中国标准占 84％。"复兴号"中国标准动车组构建了体系完整、结构合理、先进科学的高速动车组技术标准体系,标志着我国高速动车组技术全面实现自主化、标准化和系列化,极大增强了我国高铁的国际话语权和核心竞争力。

"复兴号"中国标准动车组研发,根据市场需求以及科技发展趋势,开展了动车组技术顶层设计,对未来动车组技术研发进行了规划,积极组织引导制造企业、科研院所、高校开展动车组技术创新。中国铁路总公司目前已启动了时速 350 公里速度级 16 辆编组中国标准动车组、时速 250 公里速度级中国标准动车组、时速 160 公里速度级动力集中电力动车组及京张高铁智能列车的研发工作,未来还将在"复兴号"中国标准动车组平台基础上,围绕安全、经济、舒适、节能、人性化等方面持续开展科技创新,研制不同速度等级、适应不同环境需求的自主化、标准化动车组系列产品,更好地满足市场需求,为人民群众出行提供更多的选择。

"复兴号"动车组的成功研制和投入运用,对于我国全面系统掌握高铁核心技术、加快高铁"走出去"具有重要战略意义。未来,我国将以"复兴号"中国标准动车组为平台,根据世界上其他国家的实际需求,量身打造,设计研制具有国际竞争力的动车组成套技术和产品,积极拓展国际市场,推动中国高铁"走出去"。

(三)"复兴号"中国标准动车组 vs 波音、空客

1. 波音公司简介

波音公司是全球航空航天业的领袖公司,也是世界领先的民用飞机和防务、空间与安全系统制造商。此外,波音公司为分布在全球 150 多个国家和地区的航空公司和政

府客户提供支持。波音的产品以及定制的服务包括：民用和军用飞机、卫星、武器、电子和防御系统、发射系统、先进信息和通信系统，以及基于性能的物流和培训等。

波音公司素来有着创新的传统。波音公司不断扩大产品线和服务，满足客户的最新需求，包括开发更新、更高效的民用飞机家族成员，设计、构筑、整合军事平台及防御系统，研发先进的技术解决方案，以及为客户安排创新的融资和服务方案等。

波音公司的总部位于芝加哥，在美国境内及全球 70 个国家和地区共有十多万员工。这是一只非常多元化、人才济济且极富创新精神的队伍。波音公司还非常重视发挥成千上万分布在全球供应商中的人才。

2. 空中客车公司简介

空客公司创建于 1970 年，是一家集法国、德国以及后来加盟的西班牙与英国公司为一体的欧洲集团。其创建的初衷是使欧洲飞机制造商能够与强大的美国对手有效竞争。通过克服国家间的分歧，分担研发成本，以及合作开发更大的市场份额，空客公司改变了竞争格局，并且为航空公司、旅客和机组带来了真正有竞争力的效益。

2001 年，空客公司达到了其成就史上的另一个里程碑，即成为一家独立的整合的企业。欧洲航空防务航天公司（由原空客集团的三家伙伴公司法宇航、德宇航和西班牙宇航合并而成）和英国的英宇航，将其所有在原空客集团的资产全部过渡到一个新的合资公司。

空客公司是一家全球性企业，总部设在法国图卢兹，在美国、中国、日本和中东设有全资子公司，在汉堡、法兰克福、华盛顿、北京和新加坡设有零备件中心，在图卢兹、迈阿密、汉堡和北京设有培训中心，在全球各地还设有 150 多个驻场服务办事处。空客公司还与全球各大公司建立了行业协作和合作关系，在 30 个国家拥有约 1500 名供货商网络。

3. 中短途交通工具中，波音和空客的最大竞争对手是中国高铁？

中国高铁、美国波音和欧洲空客，是各自国家和地区高端整装设备制造能力和水平的最高展现，也是世界各国人民交通出行的主要工具。但是，为什么人们会把陆路运输和空中运输两种不同运输方式的工具拿来比较呢？除了各自作为国家地区名片的原因之外，我们也不得不对其市场竞争关系加以关注。

我们先来看两组数据。武汉至广州的高速铁路开通后不久，中国南方航空公司就将广州飞长沙的机票价格从 700 元下调到 170 元。武广高铁运行速度高达 350 公里/小时，原来 9 个小时的旅程被缩短至 2 个半小时。《人民日报》报道，在 2018 年春运期间，高铁运送的旅客人数总量达到 2.1 亿人次。

外媒也报道，为了应对中国高速铁路广泛投入运营所带来的激烈竞争，中国最大的两家航空公司——中国南方航空公司和中国国际航空公司展开了价格战,一些航线上票价最大下调幅度甚至高达80％。报道说,这场价格战给远在欧洲和美国的飞机制造巨头空客和波音造成了巨大压力,因为来自中国各大航空公司的中短途支线飞机订单急剧减少。为了削减经营成本,中国航空业已经开始大规模兼并重组。但是,面对高速铁路所带来的竞争压力,各大航空公司依然难以招架。航空公司中短途旅客的大量流失最终会导致支线飞机需求大幅下降,这意味着波音和空客将在中国损失大量订单。花旗集团分析师 Ally Ma 接受采访时说:"毫无疑问,在800公里以下的中短途线路上高速铁路具有决定竞争优势。"他同时还说:"航空公司必须作出调整,增加盈利航线班次,调整线路网络。"

分析人士认为,在欧洲国家,一旦高速铁路投入运营,有关航空公司的股票价格就会大幅下跌。2002年,巴黎至布鲁塞尔的高速铁路投入运营,法国航空公司的股票价格在随后的连续5个交易日内出现下跌。巴黎至斯图加特的铁路提速后,德国汉莎航空公司甚至取消了往返两个城市之间的航线。类似的情形可能也会在中国出现。

二、国务院公布《快递暂行条例》

(一)我国快递行业发展现状及问题

中国的快递业属于新兴行业,发展历史不到30年,但快递业务量却以每年30％的速度增长。近年来,随着电子商务的迅速发展,快递由商务领域扩展到个人领域,在线交易激发了大量门对门的快递服务,为快递业的发展提供了广阔的空间,我国快递行业呈飞速发展态势。2017年,快递行业业务量突破400亿件,收入规模近5000亿元,分别同比增长28％和23.1％。但是,就目前而言,我国的快递行业也存在不少问题,具体表现为:

1.快递企业市场秩序混乱,管理模式陈旧

由于我国快递行业准入门槛较低,不少企业能够快速进入快递市场。当前,一些快递企业出现互挖墙脚等不正当竞争行为,对于现有市场秩序形成挑战。此外,随着快递业务的急速增长,许多快递公司为迅速拓展服务网点,多采用加盟的方式,即加盟者承包分公司,然后再将站点承包给个人。快递业的网点大部分属于非直营的特许加盟网点,导致在扩张过程中产生很多问题。当前的加盟公司,基本上在搞同质化经营和价格战,不能够适应消费者需求。各个加盟商只维护自己的利益,只顾捞钱。大型民营快递都是依靠加盟壮大,这样的模式优点是投资少,扩张快,但对加盟公司的管理控制力度较小,在发展中总部的协调和管控能力都不强。加盟网点的方式相对较为短视,急功近利,不能从长远角度考虑整个企业的未来发展。

2. 信息网络不对称,更新速度慢

虽然各大快递企业能够实时跟踪快递包裹动向,但目前信息传递更新速度慢,客户不能及时掌握和查询货物准确的相关信息,影响客户的满意度。合理优化的网络布局对整个快递业流程的运作具有重要意义,而我国快递业的网络覆盖范围仍有盲点,现有的农村偏远地区及西部地区的网点费用高,许多家住农村的顾客必须坐车去镇上取快递,耗时长,不能满足不同地区客户的不同需求。由于技术和管理上的落后,快递企业不能把网络覆盖和提高服务水平进行有机结合,无法提供令大多数顾客满意的服务。

3. 快递人员素质偏低,专业化、职业化水平不高

快递行业涉及运输、仓储及信息处理等多个方面,然而因其准入门槛低、企业数量不断增加、业务量大等因素,快递行业对于工作人员素质要求相对较低,该情况在快递旺季或是节假日等需要临时招聘人员时尤为突出。快递业的技术含量一般都来自于经验,从业人员缺乏专业的培训和严格的考核,专业化、职业化水平较低。此外,门槛准入较低带来快递人员流动性较高、企业员工缺少归宿感、储备人才不足等严重问题。

4. 行业规范及相关法律制度不健全

我国快递业起步较晚,且该领域的市场化运作时间较短,至今未形成较为规范的行业标准。因此,多数民营企业会出现各自为政的混乱现象,诸如快递收费混乱、除网购订单中的邮费外针对边远地区滥加运费等。正是由于缺乏标准化、差异化的快递服务,大量低资质或资金不足的企业进入快递业,导致顾客对于快递企业的信任度缺失,扰乱快递市场,影响快递业的健康发展。

5. 企业故意淡化责任,只注重利润不注重质量

目前快递行业责任分担没有明确标准规定,快递企业存在故意淡化自身责任的行为。多数公司一般会在快递清单背后印有"快递须知"或"快递契约条款"等内容,但这些条款仅是快递公司的单方面说辞,有相当一部分内容偏向快递公司。当出现消费者权益受损的情况时,快递公司凭所谓的这些条款以推卸责任。此外,即便消费者索赔成功,也不能够拿到与货物价值相符的赔偿。现有快递赔偿标准中,除寄件人进行保价的包裹外,一般包裹丢失或破损赔偿金额为运费的3倍。这种责任轻、赔偿少的现状更纵容了一部分快递企业的侥幸心理,相比较低的成本、较高的利润而言,这种小额赔偿显然不能够让经营者重视企业责任,提高服务质量。

教学案例

整治快递乱象　私拆包裹不仅是"不懂事"

日前,北京的小周给洛阳的王先生寄了一个 hot toys 超人玩偶和一张限量版海报,但将包裹交给中通快递员的当晚,小周竟在朋友圈发现其晒出被拆封的玩偶。两天后,小周的朋友收到包裹后发现,珍贵的限量版海报不见了。对于快递员拍照发朋友圈的做法,中通称"他太小不懂事儿"。

私拆包裹,"不懂事"更是不懂法

《中华人民共和国邮政法》明确规定:"任何单位和个人不得私自开拆、隐匿、毁弃他人邮件""冒领、私自开拆、隐匿、毁弃或者非法检查他人邮件、快件,尚不构成犯罪的,依法给予治安管理处罚"。而对照《治安管理处罚法》第四十八条,冒领、隐匿、毁弃、私自开拆或者非法检查他人邮件的,处 5 日以下拘留或者 500 元以下罚款。此外,该客服将拆封的玩偶晒到朋友圈,还侵犯了当事人的隐私权。

面对记者的采访,中通公司辩称"他年纪小,不懂事儿",无异于在推卸责任。快递企业的职责就是,依法经营,诚实守信,公平竞争,为用户提供迅速、准确、安全、方便的快递服务。基于此,企业应当加强员工的职业道德培训,帮助其正确认识岗位职责,充分尊重客户权益,同时从技术层面规范操作流程,确保包裹安全投递,不出问题。私拆包裹,弄丢限量版海报,这不只是员工个人的事情,快递企业也要为管理过失承担责任。根据《快递市场管理办法》,"经营快递业务的企业违反快递服务标准,严重损害用户利益,由邮政管理部门责令改正,处五千元以上三万元以下的罚款"。

私拆包裹,朋友圈晒出行业乱象

触碰诚信经营的行业底线

也许,快递员的"私拆"缘于其对包裹内物品难以自抑的好奇心,但此举对于快递行业的乱象丛生和信誉打压却有着令人震撼的效应。众所周知,人们将邮递物品交与快递公司,其实是消费者将一份沉重的信任托付给了起中介服务性质的第三方。人们对快递员的希冀不只是速度上的"快",更有对物品完整无损的安全与质量诉求。确保快递包裹不丢失、不私拆、无破损,显然是快递员必备的最基本职业素养。"快递员私拆包裹"无疑触碰到了诚信经营的行业底线。透过中通公司"他年纪小,不懂事儿"的一句辩词,人们不难窥测到其员工培训缺位和行业自律不力的内部管理漏洞。

折射行业监管软肋

一桩"快递员私拆包裹"的案例,也引发了人们对健全快递行业法治化管理的反思与检视。尽管该行业有国家邮政局颁布的《快递业务操作指导规范》和交通运输部制定的《快递市场管理办法》,但这些部门性规章却并未得到务实有效的落实,且常常会导致当快递员发生"慢""损""丢""泄"等行为时"家法伺候"的现象,而这种"家长打孩子"的内部处理,往往引发人们对大事化小或高举轻放的忧虑,恐难以达到重拳治乱的整肃效果。

侵犯消费者的个人隐私

事实上,"快递员私拆包裹"已侵犯了消费者的个人隐私和正当权益,尤其是涉及价值不菲的贵重物品,其违法的属性显而易见,理当视案件情节施以治安处罚或刑事追责。比如可能涉及的"侵犯通信自由罪"和"私自开拆、隐匿、毁弃邮件罪"。但前者侵犯的客体多为公民通信自由中的"信件"载体,而后者的犯罪主体则为邮政工作人员,邮政法并未明确将没有经过授权的快递人员纳入此列。由是观之,从立法的角度明确快递员的职业归属,抑或是健全完善相关的法规,当不失为补齐监管短板和遏制快递乱象的治理之策。

整治快递乱象刻不容缓

严惩违法违规行为

全国上百万快递员,难免存在个别缺乏职业道德、见利忘义者,所以我们看到近年来快递员私拆包裹的现象时有发生。出事并不可怕,关键是如何正确处理。我们希望看到的是,涉事企业认真调查,严肃处理责任人,向客户诚恳道歉,赔付相应损失,同时改进管理,堵塞漏洞。

或许,在快递企业看来,拆一个包裹、丢一张海报没什么大不了,但这种行为的背后,折射出企业对于消费者权益和法律规定的漠视。当下,快递行业竞争日趋激烈,消费者有用脚投票的权利。一个不懂事、不懂法的企业,必然会被消费者抛弃,最终搬起石头砸自己的脚。

提升服务质量

随着生活节奏的加快,人们对快递服务的需求越来越大,快递行业也在逐步壮大中。快递在方便人们生活中扮演了不可或缺的角色,但快递乱象也随着快递业的不断发展越发不可抑制。据一份《网购快递满意度检测》报告显示,网购快递的服务整体满意度仅为39.8%,14.5%的被调查者投诉过快递公司。就拿该事件中的中通快递为例,中通快递是一家由众多加盟商组成的加盟企业,部分加盟商实力较弱,所以当遇到业务量集中爆发时,某些环节的工作人员就会出现超常规操作。在春节、"双十一"等快递量大的时候,我们时常能听到快递爆仓、快递时间延误等消息。

我国已经出台《快递市场管理办法》，此举对于规范快递市场有一定帮助，但要从根本上解决快递乱象问题，还是要从提高物流技术水平，加快物流流通速度，尤其是从提高快递员素质上着手。

资料来源：整治快递乱象　私拆包裹不仅是"不懂事"．(2016-07-24)[2018-04-15]．http：//news.ifeng.com/a/20160725/49614219_0.shtml.

(二)《快递暂行条例》立法介绍

快递业是现代服务业的重要组成部分，也是推动流通方式转型、促进消费升级的现代化先导性产业，在稳增长、促改革、调结构、惠民生、防风险等方面发挥着重要作用。我国快递业历经十年持续快速发展，规模增速依然高位运行，新业态、新动能不断呈现。《快递暂行条例》此时出台，是为了持续推动快递业健康发展，保障快递安全，保护用户合法权益，促成快递业治理体系和治理能力现代化。

1.立法背景

《快递暂行条例》是在我国快递业实现发展的基础上制定的。2007年以来，特别是2009年邮政法明确了快递企业的法律地位后，我国快递业由小到大迅猛发展，市场结构持续优化，资源要素加速聚集。2017年全国快递业务量达到了400.6亿件，是2007年的33.4倍，年均增长达到42%；2017年快递业务收入近5000亿元，是2007年的14.5倍，年均增长达30.6%。我国快递业务量规模已经连续4年位居世界第一，每年新增就业20万人，包裹快递量超过美国、日本、欧洲等发达经济体，对全球包裹快递量的增长贡献率超过了50%。我国已经成为名副其实的快递大国。随着业务规模的壮大，我国快递企业迎来了上市的高峰期，已经有7家企业陆续上市，形成了7家年收入超过300亿元的企业集团。快递业科技创新和绿色发展取得了积极的进展，全国建成上百个智能化分拨中心，投入运行的智能快件箱突破20万组。无人仓、无人机、无人车的研发应用步伐持续加快，主要品牌快递企业的电子运单普及率提升至80%，新能源运输车保有量突破7000辆。在发展过程中，快递业仍面临制度层面的现实问题，快递车辆通行难，快件集散、分拣等基础设施薄弱，末端网点法律地位不明晰，快递加盟等经营秩序需进一步规范，有关服务规则不够明确，寄递渠道安全压力较大，亟须制定行政法规予以规范和保障。党的十九大为快递业高质量发展指明了方向，国务院要求坚持包容审慎监管原则，对优化快递业的政策环境，增强快递服务能力，提升快递服务质效提出了新的要求。制定《快递暂行条例》正是为了保障我国快递业实现由大到强的转变，促进高质量的发展，建设邮政强国，更好地满足人民对美好生活的用邮需求。

2.立法思路

《快递暂行条例》致力于促进快递业持续健康发展，使人民群众拥有更大的获得感，在立法过程中坚持了公开透明、广泛参与的原则,积极听取和兼顾了公众、政府部门、协会、企业和员工的意见和诉求,努力画大同心圆,取得最大公约数。《快递暂行条例》贯彻了包容审慎、创新务实的原则,将快递业作为与新经济、新业态关系紧密的新兴产业,充分融入了快递业的发展需求、改革需求和管理需求。立法思路主要体现在3个着力点。

(1)促进发展。将促进快递业持续健康发展作为立法的着力点,着重解决制约发展的体制机制问题,释放制度红利。《快递暂行条例》设专章规定了发展保障,制定了一系列促进快递业发展的制度措施,既解决业内存在的问题,也解决快递业与其他行业衔接协调方面的问题。同时,以经营快递业务的企业作为制度调节重点,制度红利以企业的实际感受为衡量标准,充分考虑企业感受向消费者传导的过程,在制度设计上坚持有效保护消费者合法权益。

(2)服务民生。着力完善快递服务规则,规范快递秩序,理顺法律关系,使企业和用户形成明确的法律预期,引导企业不断提升服务水平。通过具体的规范明确行为预期,特别是针对业内普遍采用的加盟经营模式,明确了制度规范,对快递服务中容易产生纠纷的问题作出相应规定。

(3)保障安全。从制度上牢牢守住安全底线,着力保障公共安全和用户信息安全。《快递暂行条例》立足实际情况,聚焦快递业安全发展的老问题和新挑战,对用户的电子数据信息安全进行了专门规定,立法过程中充分研究了企业使用电子运单等形式保障信息安全的做法,对企业违规行为规定了严格的法律责任。

3.主要制度安排

《快递暂行条例》共8章48条,内容丰富、实用,对经营、使用、监督管理快递业务作出了规范与保障,是有关部门、企事业单位、行业协会、从业人员和用户应当遵守的行为规则。《快递暂行条例》的制度安排在许多方面实现了突破和创新,有些突破可以说是历史性的。

(1)命名为"暂行条例"。根据国务院常务会议决定,条例命名为"暂行条例"。如此命名,有两个方面的考虑。一是快递是新业态,存在很多未知事项,应当为制度安排留有空间。二是政府部门要坚持包容审慎监管,对此李克强总理指出,针对《快递暂行条例》执行过程中的一些问题,可以不断总结经验,及时调整制度措施,更好地适应新产业、新动能发展的需要。《快递暂行条例》是国务院行政法规,法律位阶较高,其强制力、规范性以及指引、评价作用,将为我国快递物流领域带来重大而深远的影响。条例中关于其他政府部门的名称表述,将在国务院机构改革全面施行后,参与行政法规的打包修改。

(2)促进行业发展。《快递暂行条例》为保障快递业健康发展,制定了内容丰富的制度安排。一是加强外部支撑,对营商环境、竞争秩序、发展规划等提出了要求,为政府部门和行业协会设定了责任,强调地方政府要建立健全促进快递业健康发展的政策措施,保障企业及员工的合法权益。二是破解行业难题,对制约发展的共性问题安排了解决途径,要求将快递相关基础设施用地纳入地方城乡规划和土地利用总体规划,破解用地难;要求保障快递服务车辆通行和临时停靠的权利,破解上路难;要求企事业单位、住宅小区管理单位为快递服务提供必要的便利,破解上门难。三是凝聚发展合力,建立了明确的制度导向,鼓励快递业与制造业、农业、商贸业等行业协同发展,推动快递业与电子商务融合发展,引导快递业与铁路、公路、水路、民航等行业进行标准对接。四是支持企业做强,支持企业创新商业模式和服务方式,鼓励企业采用先进技术,推广应用自动化、机械化和智能设施设备,鼓励共享末端服务设施,鼓励开展进出境业务,支持在境外依法开办服务机构和处理场所。五是引导绿色发展,建立了绿色生产消费的制度导向,明确鼓励企业和寄件人使用可降解、可重复使用的环保包装材料,鼓励企业采取措施回收快件包装,充分发挥相关各方积极性,共促快件包装材料的减量化利用和再利用。六是支持跨境发展,条例对优化通关管理服务提出要求,规定有关部门应当建立协作机制,完善进出境快件管理,推动实现快件便捷通关。

(3)推进"放管服"改革。《快递暂行条例》按照"放管服"改革的方向,进行了制度上的突破和创新。一是减少政府对微观经济活动的直接干预。条例明确禁止地方政府出台违反公平竞争、可能造成地区封锁和行业垄断的政策措施,以保证把市场机制能有效调节的经济活动交给市场。二是简化末端网点开办手续。条例明确了快递末端网点的法律地位,规定进行属地的事后备案,无须办理营业执照,并支持和鼓励在农村、偏远地区发展快递服务网络,完善快递末端网点布局,减轻了企业布局末端网络的负担。三是健全协同共治管理模式。条例注重发挥行业协会自律作用,要求协会促进企业守法、诚信、安全经营,督促企业落实安全生产主体责任,引导企业不断提高快递服务质量和水平。四是构建以信用为核心的新型市场监管体制。条例规定加强快递业诚信体系建设,建立健全快递业信用记录、信息公开、信用评价制度,依法实施联合惩戒措施,提高快递业信用水平。五是规范事中事后监管行为。条例限定了邮政管理部门监督检查的重点内容,固化了"双随机、一公开"日常检查制度,规定邮政管理部门利用先进技术手段进行检查,创新了监管方式。

(4)保护用户权益。《快递暂行条例》重视保护用户合法权益,对用户集中关注的快件损失索赔和个人信息安全问题作了安排。一是防止采用加盟模式的企业在用户索赔问题上推诿。条例针对快递网络化服务的特点,规定用户可以向商标、字号、快递运单的所属企业要求赔偿,也可以向实际提供服务的企业要求赔偿。二是要求企业提供统一的投诉处理服务。条例规定企业在 7 日内对投诉予以处理并告知用户,并对不按照规定提供投诉处理服务的行为设定了行政处罚。三是引入快件损失赔偿商业保险。条例鼓励保险公司开发相关责任险种,鼓励经营快递业务的企业投保,让用户多一层赔付保障。四是保障用户在节假日期间使用快递服务。条例要求企业向社会公告暂停快递服务的原因和期限,帮助用户建立合理的消费预期,鼓励企业根据业务量变化实际情况,在节假日期间为用户提供正常的快递服务,以此指引企业通过合理安排值班休假,以及给予员工物质精神激励等多种有效措施,努力实现消费者与劳动者的互利共赢。五是从多个层面保护用户信息安全。条例禁止在快递运单上记录不必要的信息,减少个人信息泄露的风险点;限定实名收寄的快件范围,明确企业搜集用户信息的行为边界;规定了信息泄露时的补救义务,为企业设定了法律责任;加强监督检查,强化快递运单及电子数据管理。条例基本建立了企业合法获取、使用、保管信息,邮政管理部门依法引导、检查和追责的用户信息保护机制。

(5)完善服务规则。《快递暂行条例》针对实践中存在的服务质量问题,对快递服务规则进行了完善和强化。一是确立了快件保价基本规范。条例明确要求企业与寄件人按照约定的保价规则确定赔偿责任,要求企业在寄件人填写运单前告知保价规则,允许企业要求寄件人对贵重物品保价,衔接了未保价快件的赔偿责任。这一规定填补了邮政法只规定给据邮件保价、未规定快件保价的空白。二是强化了快件处理操作规范。条例明确要求企业规范操作,防止造成快件损毁,并衔接了运送特定物品的特殊规定,指引企业在操作中采取有效措施保障快件安全。这一规定肯定了"不着地、不抛件"的管理要求,进一步防范"野蛮操作"。三是明确了投递和验收规则。条例从行政法规层面肯定了快件收件人指定代收人的实践做法,并规定当面验收是收件人、代收人的权利,要求企业告知收件人或者代收人当面验收。四是补充了无法投递快件的处理规则。条例允许企业根据寄件人要求处理无法投递的快件,细化了无法投递又无法退回快件的处理程序,明了有关部门和企业的责任。五是充实了快递服务赔偿规则。条例明确将快件延误纳入企业赔偿范围,并衔接保价和民事赔偿规则。这一制度安排将行业实践经验上升为行政法规的规定,在邮政法的基础上扩大了保护范围。

(6)保障快递安全。《快递暂行条例》坚持将安全作为前提和基础。针对快递服务点多、线长、面广的实际情况,根据快递操作过程中人货分离、递送便捷的特点,条例注重在提高人防、技防、物防的基础上,优化、实化、细化快件收寄验视、实名收寄、过机安检制度,增加数据安全管理制度,强化安全生产制度。一是在收寄验视和安检操作方面,要求企业必须作出验视标识和安检标识,明晰了企业在安全操作中的责任。二是在实名收寄方面,要求用户提供身份信息,对拒不提供身份信息或者身份信息不实的,企业不得收寄,在不降低安全防范水平的前提下,减少了开展实名收寄的压力和阻力。三是在安全检查方面,允许企业根据自身情况选择自行安检或者委托安检,有利于节约资源、提高效率,提升安检操作的专业化水平。四是在快递运单和电子数据管理方面,明确要求妥善保管电子数据、定期销毁运单，并设定了处罚措施，赋权国务院有关部门制定具体办法。五是在安全生产方面，重申企业应当建立健全安全生产责任制，要求企业制定应急预案，定期开展应急演练，发生突发事件妥善处理并向邮政管理部门报告。

（三）《快递暂行条例》的重要意义

《快递暂行条例》是邮政业在党的十九大之后取得的重要立法成果，贯彻了习近平新时代中国特色社会主义思想，是邮政业推动科学立法、民主立法、依法立法的重要实践，给行业改革发展带来了历史性机遇，具有里程碑的意义。

1.《快递暂行条例》的出台，是对邮政体制改革实践成果的权威总结和高度肯定。政企分开释放了邮政业的生机活力，十年快速发展，行业规模不断扩大，生产要素加快聚集，奠定了优化顶层设计的经济基础。全面加强法治邮政建设保护了邮政业持续发展的积极性和创造性，新业态新模式不断涌现，就业人数连年增长，社会各方高度关注，奠定了行政法规立法的社会基础。邮政管理体制的完善，维护了邮政市场秩序，带动全行业争取更多利好、更大支持，强化了全行业推进制度建设的组织性、统一性，为推动条例出台奠定了行业基础。国务院颁布《快递暂行条例》，是对邮政体制改革成功实践最有信服力的总结，更是对邮政业和邮政管理部门的新的更高要求。

2.《快递暂行条例》的出台，从国务院行政法规的高度宣告邮政业全面转向高质量发展阶段。《快递暂行条例》立足我国邮政业发展实际，破解制约行业发展的体制机制问题，大大优化了发展环境，引导行业发展实现质量变革、效率变革、动力变革，巩固劳动力、土地、资本、创新等要素优化配置成果，推动提高行业全要素生产率，是邮政业深化供给侧结构性改革的重要制度保障。《快递暂行条例》将在维护市场公平竞争秩序，推进行业治理体系和治理能力现代化，提升行业发展水平，保障人民用邮权益，服务大众创业、万众创新等方面发挥基础性、关键性的作用，为我国迈向邮政强国赋予厚重而持久的能量。

3.《快递暂行条例》的出台，开辟了邮政业服务人民美好生活的新起点。《快递暂行条例》贯彻了以人民为中心的发展思想，立足人民群众对美好生活的用邮需求，全方位优化了快递服务运行体系，引导广大用户、企业、从业人员对行政法规的制度安排形成明确预期。《快递暂行条例》坚持提升消费者使用快递服务的获得感、幸福感和安全感，注重培养和保护从业人员的存在感、归属感和自豪感，鼓励邮政业充分发挥劳动密集型产业优势，更好发挥对生产生活的服务作用，推动邮政业始终按人民期盼的方向大踏步迈进。

4.《快递暂行条例》的出台，开创了邮政业持续健康发展的新境界。《快递暂行条例》的制度安排贯彻了创新、协调、绿色、开放、共享理念，坚持了安全发展理念，肯定了邮政业"打通上下游、拓展产业链、画大同心圆、构建生态圈"的发展思路，在全国范围内凝聚了共识。《快递暂行条例》充分发挥中央与地方两个积极性,深入平衡企业与用户的权利义务,积极营造上游与下游产业协同发展的好势头,将邮政业的长远发展引向广阔天地。

5.《快递暂行条例》的出台,开启了邮政业制度建设的新征程。《快递暂行条例》是全球为数不多的全方位调整快递法律关系的专门法,为世界邮政业改革发展贡献了"中国智慧",增强了我国邮政业顶层设计的自信。《快递暂行条例》作为行政法规,其效力仅次于邮政法,是今后制修订邮政部门规章、规范性文件、地方性法规、地方政府规章的新依据。《快递暂行条例》的出台,丰富和完善了邮政业法律法规的总体构成,对构建系统完备、科学规范、运行有效的邮政业制度体系具有承上启下、承前启后的关键作用。

三、杭州"保姆纵火案"谁来担责

(一)杭州"保姆纵火案"案情回顾

1.保姆以涉嫌放火罪、盗窃罪被依法提起公诉

2017年6月22日,杭州蓝色钱江高档小区18楼一住户家中发生大火,女主人朱小贞及其三个孩子不幸殒命。案发后,公安机关认定是人为放火刑事案件,该户保姆莫焕晶因涉嫌放火罪被警方依法刑事拘留。

当年6月28日,杭州市公安局以犯罪嫌疑人莫焕晶涉嫌放火罪、盗窃罪两项罪名,向杭州市人民检察院提请批准逮捕,并透露,莫焕晶在该雇主家中从事家庭保姆工作期间,多次窃取家中财物。

经依法审查,2017年7月1日,杭州市人民检察院对犯罪嫌疑人莫焕晶,以涉嫌放火罪、盗窃罪依法批准逮捕,并于同年8月21日提起公诉。

杭州市人民检察院提供的起诉书显示,被告人莫焕晶长期沉迷赌博,案发前一晚,莫焕晶又用手机进行网上赌博,输光6万余元,为继续筹措赌资,她决意采取放火再灭火的方式博取朱小贞的感激以便再次开口借钱,最终导致朱小贞和三名子女死亡,并造成被害人房屋和邻近房屋损失257万余元。

2.一审律师风波及庭审情况

2017年12月21日,该案在杭州中院一审开庭审理。但开庭后不久,莫焕晶的辩护律师、广东增泰律师事务所律师党琳山因为管辖权问题没有跟法院达成一致,离庭抗议,法庭休庭。辩护律师离庭事件引发舆论高度关注。事发后,广东省司法厅派出调查组赴杭州开展立案调查。经过调查,广州市司法局于2018年2月3日发布情况通报,

通报指出,查明党琳山律师的行为违反律师法、司法部《律师执业管理办法》等法律、规章的规定,鉴于党琳山律师有认错表现,配合行政处罚工作,经局长办公会议研究,决定给予党琳山律师停止执业 6 个月的行政处罚。

2018 年 1 月 8 日,杭州中院官微发布通报称,2017 年 12 月 27 日,被告人莫焕晶向该院书面提出不再另行委托辩护人,由法律援助律师为其辩护。2018 年 1 月 12 日,杭州中院官微又发布消息称,被告人莫焕晶经过考虑后,于 1 月 9 日向杭州中院表示,其本人愿意接受杭州市法律援助中心指派浙江金道律师事务所的王晓辉和北京东卫(杭州)律师事务所的徐晓明作为法律援助律师担任其辩护人。

2018 年 2 月 1 日,杭州中院继续公开开庭审理被告人莫焕晶放火、盗窃一案。一审当日中午,杭州中院在其官方微博发布情况通报指出,莫焕晶承认放火和盗窃事实,同时辩称,其放火的目的是想通过先放火再灭火的方式取得被害人朱小贞感激以便再次向朱借款;其未逃离现场,且有报警等配合救援行为。在当日的庭审中,经检察院指控、法庭调查询问、举证质证、法庭辩论、被告人最后陈述等,审判长于 20 时 50 分宣布休庭,并宣布择期公开宣判。

2 月 9 日,杭州市中级人民法院公开宣判被告人莫焕晶放火、盗窃一案,以放火罪判处被告人莫焕晶死刑,剥夺政治权利终身;以盗窃罪判处其有期徒刑五年,并处罚金人民币一万元,二罪并罚,决定执行死刑,剥夺政治权利终身,并处罚金人民币一万元。

3.杭州"保姆纵火案"进入二审程序

一审宣判后不久,被告人莫焕晶表示对判决不服,向法院提起了上诉。根据浙江法院公开网发布的开庭公告显示,案件二审于 5 月 17 日上午 9 点在浙江省高级人民法院第二法庭开庭审理。二审前,莫焕晶更换了辩护律师,北京华一律师事务所全宗锦和上海大邦律师事务所吴鹏彬接受莫焕晶家属的委托,担任其辩护人。

5 月 17 日 9 时,"杭州保姆纵火案"在浙江省高级人民法院第二法庭二审开庭审理,庭审于当天 17 时 20 分结束。在 5 月 17 日下午的法庭辩论环节,上诉人莫焕晶及其辩护律师、检察机关人员进行了两轮辩论。检辩双方就莫焕晶的放火罪是否成立自首、物业消防问题是否系本案严重后果的介入因素、是否足以减轻莫焕晶的刑事责任、对莫焕晶适用死刑是否适当等焦点展开辩论。鉴于本案案情重大,审判长宣布本案将另定日期宣判。

2018 年 6 月 4 日下午,浙江省高级人民法院在第二法庭公开宣判杭州市中级人民法院一审的被告人莫焕晶放火、盗窃(上诉)一案,裁定驳回上诉,维持原判;对莫焕晶的死刑判决,依法报请最高人民法院核准。莫焕晶及其辩护人、检察员到庭参加宣判。被害人亲属、人大代表、政协委员、媒体记者及社会各界群众代表参与旁听。

（二）目前家政行业的乱象

近年来，"问题保姆"引发的恶性事件频发，保姆纵火、保姆毒杀老人、保姆抢婴儿等恶性案件令社会震惊。一些家政行业从业人员虐待幼老、偷盗拐骗、杀人投毒等事件的曝光，给家政行业罩上了一层阴霾，刺激着老百姓"安全感"的神经。

本应饱含温情的行业乱象纷呈，一些法律意识淡薄、文化水平较低的家政行业从业人员陷入歧途，频现违背职业操守甚至触犯法律、丧失人性的行为，显示出行业法律法规的孱弱和监管的缺失。

近年来，我国家政行业蓬勃发展，家政企业数量逐年增多，发展速度不断加快。但整体上看，行业发展仍不成熟，呈现出小而散、管理粗放、流动性强的特征。家政行业从业门槛较低、从业人员良莠不齐，且很多企业仅起中介作用，对从业人员的审查筛选、持续监管和教育培训都很不到位。行业监管缺乏严格规范、社会尚未形成成熟的信用体系，给了"问题保姆"以可乘之机，一定程度上成了悲剧事件的"助推器"。

为此，亟须法律"补牢"，加快完善行业法律法规和监管维权体系，以法律法规制度夯实行业的标准化门槛。家政企业需要对从业者的身份信息、身体状况、性格心理、人品德行进行全面的审核和考察，实施严格、有序、专业的管理，杜绝安全漏洞，降低风险隐患，提升服务质量和公共安全水平。

应该指出的是，"问题保姆"代表不了整个行业。恶性事件的发生把雇主的权益、公众的安全保障放在了聚光灯下，但其实，家政行业从业者整体的权益维护也同样不容被忽视。保姆超时劳动，缺乏安全培训和安全保护，企业拖欠社保、工资等问题也十分突出。

为此，应该把关乎民生的社会领域立法提到更重要的位置上来，通过法治手段在雇主权益和劳动者权益保护之间寻找制度平衡，同时严格执法、公正司法，顺应公众权益保障的新期待，杜绝"法外之地"，这样才能有效保护雇主和劳动者的合法利益，防范和化解矛盾纠纷，从源头上预防和减少社会不稳定因素，纾解公众对"问题保姆"事件的焦虑，增强公众的安全感。

（三）杭州"保姆纵火案"带来的启示

杭州"保姆纵火案"固然只是一起偶然事件，但这其中暴露出来的社会问题却值得我们深入思考。在这起案件中，保姆和物业都应当承担起自身的责任。当然，它也给社会民生建设带来了一些启示。

1.城市小区物业管理水平亟待提升

物业管理部门是小区日常公共服务的提供者、公共安全的守护者。作为公共服务的提供者,其应该具备相应的资质,能够保障小区各项公共设施正常运转。在这起案件中,受害者的居所在当地属于典型的高端小区,理论上小区应当有一流的消防设施、常态化的保安巡视、及时报警提醒的警铃,但从事后有关报道来看却不尽然。物业消防安全管理落实不到位,应急处置能力严重不足,种种预警似乎没有发生作用。消防车水到不了 18 楼、消防人员上楼时要经层层门禁、物业不肯开增压泵、保安还在消防通道里带错一次路、地面消防队始终没有拿到户型图。种种迹象表明,该小区的物业管理、消防设施配套、紧急报警系统、危险应急措施等,都存在不少急需改进的地方。

2. 高层建筑应加强消防系统的配置和日常检查维护

保姆纵火案虽是极端个案,但暴露出的高层建筑消防灭火系统薄弱问题却具有一定的普遍性。近年来,随着城市化进程加快带来的大量人口向城市涌进,城市土地资源的稀缺成为现代化进程中的普遍现象,城市建筑高层化越来越成为常态。目前大部分已建和在建的高层建筑都位于人员密集的繁华区域,一旦发生火灾必将造成全局性、连续性、连锁性的社会影响。高层建筑物的火灾特点是燃烧迅速,火势蔓延快,主要原因是易形成“烟囱效应”。高层建筑有许多竖向井道,如楼梯间、电梯井、电缆井、排气道等,如果没有防火分隔或防火分隔措施不当,发生火灾时,这些竖向井道好像一座座高耸的烟囱,成为火势迅速蔓延的途径。高层建筑要确保消防安全,关键在防患于未然,未雨绸缪,家庭或单位应该准备基本消防器材,一旦有火灾发生,可以将损失和伤亡降到最低限度。同时更重要的是在火灾未发生时就养成良好的用火、防火习惯;火灾发生时保持冷静,会用消防器材进行自救或他救。

3. 加快家政服务行业建设,提高家政服务水平

随着社会经济发展,我国家政服务市场的供需关系紧张,表现为好“阿姨”难找,且往往佣金不菲。在“养老”与“育小”双重压力不断加大的今天,越来越多的中国家庭开始呼唤家政服务;然而,社会认可度低、流动性大等因素也在制约着家政服务业的发展。“保姆”如何才能被正视?行业应该如何入轨?

政府要发挥在发展家政服务业中的主导作用,要把家政服务当成一个朝阳行业进行领导和规范化管理,对家政服务业立法,制定一部完整统一的家政服务法规。在现有政策法规的基础上,进一步健全、完善相关管理制度,积极扶持家政企业,建立、健全保障机制。努力将家政服务纳入社会保险范畴,规范家政服务企业经营模式,明确家政服务人员的法律地位和权利义务,强化家政服务机构的管理服务责任和自律要求,理顺家政服务机构、家政服务人员和消费者之间的关系,弥补法律法规缺失所导致的行业漏洞。这样才能树立良好的行业形象,提升服务水平和质量,增强行业吸引力,引导行业规范有序地发展。加强家政服务的培训和监管,组织从业人员进行技术培训、职业道德培

训,进行统一考核,颁发从业资格证书,凭证上岗,对持有资格证书的家政人员每年组织一次复训,复训不合格者吊销原从业资格证书,由家政培训中心组织重新培训、重新考核。

● 思考题

1."复兴号"中国标准动车组的运行有什么意义?

2.规范快递行业运营对民生有什么影响?

3.如何避免类似杭州"保姆纵火案"的悲剧再现?

聚焦全球热点问题 展望未来国际形势

学习要点

1. 从"脸书泄密门"看网络隐私问题

2. IS 时代之后的叙利亚何去何从

3. 世界再度开启"博鳌时间"

一、从"脸书泄密门"看网络隐私问题

2018 年 3 月,拥有全球 20 亿用户的社交媒体巨头脸书(Facebook)陷入了一场舆论风暴。多达 5000 万用户的数据信息被一家名为"剑桥分析"的咨询公司泄露,并用于干预美国大选。"泄密门"被曝光后,脸书的股价大跌,市值缩水近 500 亿美元,包括特斯拉公司创始人马斯克、著名演员雪儿在内的众多名流加入了网民发起的"删除脸书"运动。

1. "脸书泄密门"始末

英国《观察家报》《卫报》以及美国《纽约时报》3 月 17 日报道,剑桥分析公司"窃取"5000 万脸书用户的信息。怀利是英国《观察家报》报道的爆料人,曾在剑桥分析公司从

事分析员工作。提及剑桥分析公司对数据的使用,怀利告诉《观察家报》:"我们充分利用脸书用户档案信息,依据对他们的了解建立模型,(投放内容)迎合他们内心邪恶的一面。"

数据泄露的源头,是英国剑桥大学心理学教授亚历山大·科根 2014 年推出的一款名为"这是你的数字化生活"(This is Your Digital Life)的 App,向脸书用户提供个性分析测试,在脸书上的推介语是"心理学家用于做研究的 App"。当时,共 2.7 万名脸书用户下载这一应用。借助这一应用,科根可获取这 2.7 万人及其所有脸书好友的居住地等信息,以及他们"点赞"的内容,因而实际共获取多达 5000 万用户的数据。报道说,科根把数据带到剑桥分析公司,而这家公司的母公司是赫赫有名的英国战略交流实验室公司。

美国总统特朗普竞选期间的战略顾问和 2017 年 8 月以前的首席战略师斯蒂芬·班农曾经是剑桥分析公司董事,前白宫国家安全事务助理迈克尔·弗林披露他曾是这家企业的顾问,长期为美国共和党捐款并支持特朗普竞选总统的私募基金经理罗伯特·默瑟曾经向剑桥分析公司注资 1500 万美元。

3 月 16 日晚,脸书抢在上述报道见报前,在网络平台上发布相关情况,宣布暂时关闭剑桥分析公司、英国战略交流实验室公司、科根和怀利的脸书账号。

3 月 17 日,媒体报道剑桥分析公司"窃取"5000 万脸书用户的信息。同日,剑桥分析公司发布声明,否认"做错事情",声称得知科根违反脸书政策后删除了全部数据;"为避免嫌疑",没有在 2016 年美国总统选举期间使用任何科根提供的数据。

3 月 22 日,脸书创始人扎克伯格被迫道歉,但依然难以平息众怒。3 月 25 日,脸书不得不在美英两国 9 家主流报刊上刊登整版广告向民众道歉。然而,道歉好说,市场无情。截至 26 日,脸书市值已断崖式下跌了 20%,900 多亿美元化为泡影。与此同时,众多用户群起责难,"卸载脸书"行动在互联网上涌动,广告商纷纷离去,多国展开调查……脸书走到了悬崖边上。

2. 大数据时代带来的网络个人信息保护挑战

最近 20 年,随着互联网的大发展,涌现了一大批网络公司。大浪淘沙,谷歌、亚马逊、脸书等巨头崛地而起,发展极其迅猛。脸书是当今全球最受欢迎的社交媒体,位居全球社交媒体首位,坐拥 21 亿左右活跃用户。2017 年,脸书拿下了全美 2/3 的互联网广告费。根据脸书 2018 年 2 月份公布的数据,上季度其每月活跃用户数达到 21.3 亿。除社交软件之外,类似于淘宝网的购物网站也成为现代社会的新宠,这些极受追捧的软件囊括了大量用户的个人信息,给诸如剑桥分析公司的商业数据分析行业带来了商机,使得个人信息逐渐商品化。用户量如此巨大的网站,利用好了,能给社会带来福音;若脱离正轨,则祸害无穷。

　　关于个人信息泄露的案件不在少数,极为典型的就是 2001 年美国的"Toysmart 个人资料拍卖案"。Toysmart 公司是一家网上玩具零售商店,在公司倒闭后,公司将其资料库中的客户信息资料,包括顾客姓名、住址、购物喜好、家中儿童的信息等,进行公开拍卖,但是之前公司的隐私政策明确保证不会向第三方泄露顾客个人信息。这令消费者对个人信息的流向感到无比担忧,联邦贸易委员会也以欺诈为由对其提起诉讼,最后持有 Toysmart 公司大部分股份的迪士尼公司为保护公司声誉,以 5 万美金购买了该资料库,并由 Toysmart 公司负责销毁。

　　在"脸书泄密门"事件发生 5 天之后,脸书创始人兼首席执行官扎克伯格终于公开表态,向公众认错并道歉。对此史安斌教授(清华大学新闻与传播学院副院长、教育部青年长江学者特聘教授)发文表示质疑,"脸书泄密门"到底是道德失范还是科技原罪?

　　与其他陷入类似丑闻的商业巨头一样,扎克伯格打的仍然是"道德牌",演的是"苦情戏"。在接受 CNN 专访时,他声音颤抖,几乎到了"声泪俱下"的边缘,谴责剑桥分析公司是一家"无良机构",脸书也是被这样的"骗子"所蒙蔽。为了赢得公众的同情,他在公布多项整改措施的同时,用精心策划的"金句"向其 20 亿用户发下狠誓:如果我们不能保护好你们的数据,就不配服务你们。

　　显然,扎克伯格的策略是把用户数据"泄密门"界定为一次由于"道德失范"导致的责任事故,但无论是他姗姗来迟的道歉还是亡羊补牢式的整改都未能从根本上反思包括脸书在内的社交平台与生俱来的"科技原罪"。实际上,由脸书所开创的社交平台的基本商业模式为其日后的权力操控埋下了伏笔。用户通过平台获取他们想要的服务,与此同时,平台获得他们所想要的用户数据。一旦用户与 App 之间形成了一定的"黏性",平台就可以与商家合作,利用其所掌握的个人信息和偏好推送广告,并依靠海量用户的"数据资本"获取巨额收益。

　　对于一个人类传播史上前所未见的超级信息平台而言,脸书所集聚的庞大用户数据既可以为其带来难以估量的财富,也足以让它将权力的触角伸展到世界的每一个角落和人类生活的每一个方面。多年来,学界和业界有关"脸书正在吞噬世界"的警告不绝于耳。脸书首先"吞噬"了传统新闻业。如今,全球超过 40% 的成年人依靠脸书等社交平台获取新闻,其庞大的受众覆盖面使各大传统媒体机构被其招致麾下。脸书不仅成为展示世界的"窗口",还依靠不透明的"算法"机制充当着全球新闻和舆论的"把关人",操控着公众的"议程设置"和"认知框架"。脸书正在吞没一切:不仅是新闻业,政治竞选、金融系统、娱乐和零售业,甚至连一向"滴水不漏"的政府核心部门和安保系统都难逃此劫。现在看来,"脸书吞噬世界"绝非危言耸听的夸大之词。

　　事实上,在此次"泄密门"爆发之前,脸书已经遭遇了多次大大小小的风波。但扎克伯格的策略就是一口咬定脸书是"科技公司",不是"媒体机构",意在淡化其应当承担的社会责任,规避政府监管和公众监督。虽然此前他也有过几次半推半就的表态,声称要与各方一同联手打击假新闻,打造"全球网络社群",但其立场始终停留在道德层面,未能触及灵魂深处的"科技原罪"。从这个意义上说,"泄密门"标志着近年来一些欧美精英所鼓吹的"新媒体赋权""互联网自由"等"神话"的彻底破灭。下一步人们要探讨的是如何把类似脸书这样的"数字利维坦"关进制度的"笼子",共同探索全球共治互联网和社交平台的有效途径。

3."脸书泄密门"应当承担怎样的法律责任

脸书作为握有用户个人信息的网络服务提供商,在发生如此大规模的信息泄密之后,是否应当承担法律责任呢?

(1)违约责任

网民在使用脸书软件之前必须先同意接受网站提供的格式条款,二者由此形成合同关系。该合同可以约束双方当事人,赋予其相应的权利和义务。义务的来源多种多样,或法律规定或合同要求,不同的合同双方义务也不尽相同。基于网络服务的特性,可以总结出如下义务。

注意义务。即网络服务提供商在为用户提供网络服务时,应当尽到合理的事先注意义务,对于违法侵权的内容,应当主动删除。这点类似于"红旗原则",其最早出现在1998年美国版权法修正案中,是指如果侵犯信息网络传播权的事实是显而易见的,就像是红旗一样飘扬,网络服务商就不能装作看不见,或以不知道侵权的理由来推脱责任。如果在这样的情况下,不移除链接的话,就算权利人没有发出过通知,我们也应该认定这个设链者知道第三方是侵权的,应该承担相应的法律责任。

安全保障义务。德国联邦最高法院在多个判决中肯定安全保障义务同样存在于网络空间。网络技术高深复杂,危险潜伏在看不到的角落,有专家指出:"网络作为民事生活空间,网络服务提供者作为这一空间中的管理人,其法律特征并无异于物理性空间之处,对网络服务提供者施加安全保障义务因此顺理成章。"

个人信息保护义务。指网络服务提供者有保护用户个人信息的义务,不得侵犯用户的个人信息。网络用户在网络空间活动时,会产生许多有关于个人的信息,例如点赞、发表言论等,网络平台有义务保护这些信息。

脸书在2014年就检测到剑桥分析公司小程序的异常行为,只对其做了下架处理,未对外披露也未及时采取合理行动。很显然,脸书没有履行前述义务并导致5000万用户信息的泄露,至少属于合同违约。

(2)侵权责任

实际上,"脸书泄密门"已大大超出了合同违约的范围,涉及个人信息所有权的保护问题。剑桥分析公司是否构成侵权甚至犯罪?这值得我们深思。

以美国、德国等国为代表,支持将个人信息纳入人格权领域。美国法中并无明确关于"人格权"的表述,涉及类似人格权的权利都是以隐私权表述。美国将关于个人信息保护的内容呈现在隐私法条文中,从法条、判例等各方面都是将其视为隐私权。德国宪法法院则指出:"国家以不当或非法方式搜集、储存、传递、利用个人资料,已侵害资讯自决权,该权属人的内在自由权领域,当然伤及人性尊严。"为更好保护个人对个人信息的自主权,德国宪法法院在判例中提出"个人信息自决权"的概念,是指每个人都有权决定是否将其个人资料交付并提供给他人、社会组织或国家机关利用。从法律保护角度分析,个人信息是人格要素的外化,带有强烈的个人主义色彩,没有人的存在个人信息也将荡然无存。

随着商品经济的发展,个人信息在市场的流通中可以更大地发挥其财产效益,所以有人认为个人信息应当属于财产权范围。莫菲提出"个人信息及其他信息都属于财产"的观点,就是将个人信息归为财产权。有人为此提出了"个人资料财产化"的理论,将个人信息及数据库设定为财产权,通过交易行为,由市场调节个人信息的分配和流转,以期实现个人信息的高效流转同时维持适当的保护水平。

剑桥分析公司采取不当的方式侵害了用户的人格权——个人信息权,此种侵害行为为法律所禁止。不当手段是指不为法律所允许的行为方式。经济合作与发展组织理事会于1980年通过的《关于隐私保护与个人资料跨国流通的指南》针对个人信息保护提出了8项原则,其中第7条是"限制收集原则",要求对个人资料的收集加以限制,收集任何资料都应该用合法的、公正的手段,必要时,应得到本人的同意或告知本人。而剑桥分析公司利用小程序测试秘密获取了用户的授权,窃取到用户个人信息,并采取大数据分析的秘密处理方式,显然是违法行为。

剑桥分析公司非法收集5000万用户的个人信息,并利用大数据分析结果量身投放广告影响受害人的投票,对受害人的人格权造成侵害,干扰到受害人正常行使自己的投票权,造成损害事实。剑桥分析公司明知自己在窃取受害人的个人信息,也意图造成干扰受害人投票的结果,证明剑桥分析公司是存在主观过错的,它既了解自己行为方式也意图发生损害后果。用户信息被窃取正是由于剑桥分析公司在小程序中获取,二者之间存在客观的联系,剑桥分析公司的行为是个人信息泄露的直接原因。

根据侵权责任构成要件,可以断定剑桥分析公司窃取用户信息的行为侵犯了用户人格权(个人信息权),以及用户的个人信息自决的权利,并且因此造成了用户信息的泄露和不自由的行使投票权,剑桥分析公司应当承担侵权责任的后果。

美国伊利诺伊州库克县向脸书和剑桥分析公司发起了诉讼,指控他们对用户私人信息的不当利用已经构成了诈骗,违反了该州的"消费者欺诈和欺骗性商业行为法"。剑桥分析公司以学术研究为名在脸书发布第三方小程序,并取得用户授权,进而收集到用户的个人信息,虽然用户有授权行为,但是用户并不知晓此项授权行为会导致自己的信息泄露,并且该行为还违反了脸书的使用条款。库克县认为剑桥分析公司以学术研究为名利用小程序收集用户信息,属于诈骗行为。

从一定意义上讲,剑桥分析公司的行为也可以认定为构成盗窃。用户是基于性格测试的目的对剑桥分析公司的小程序进行授权,剑桥分析公司假借小程序测试行为,在用户未知的情况下主动收集了用户的个人信息,该行为显然违背了用户的意志,不能因为用户对小程序进行授权而掩盖了剑桥分析公司意图窃取个人信息的本质。

4.脸书的未来

大洋的一边,人们因为数据泄露而歇斯底里,当事者股票狂跌,在报纸上道歉;大洋的另一边,人们隔岸观火,却也没忘调侃一句脸书这回"非死不可"了。从"脸书"的音译到"非死不可"的变形,这个全球最大的社交巨头似乎从天堂跌入了地狱,用户流失、数据泄露、助选丑闻、天价罚单,刀刀毙命。然而百足之虫尚且死而不僵,在这个流量就是生命的时代里,对于脸书最大的"金主"广告商而言,生意和道德孰重孰轻不言而喻。谁说脸书"非死不可"了?

(1)命悬一线

美国联邦贸易委员会(FTC)证实,已对脸书的隐私保护问题展开调查。这对脸书来说可以称得上是命悬一线的关键时刻。此前,有外媒透露,脸书有可能会违反 2011 年的和解令。这意味着如果脸书坐实了这项罪名,就要承担高达 2 万亿美元的罚金。

此外,一个由美国 37 个州和地区总检察长组成的两党团队表示,他们已向脸书创始人扎克伯格发送信函,要求扎克伯格对公司的业务操作和隐私保护措施作出解释。有分析称,美国联邦政府和州政府针对脸书用户数据泄密一事采取的措施,对脸书等其他互联网巨头公司的新型监管增加了动力。

另一方面,舆论也在不断沸腾。网上针对脸书的批评指责一浪盖过一浪,推特上"删除脸书"从一个简单的话题标签进化成了热门的互联网运动。主流媒体的轮番轰炸,特斯拉创始人马斯克怒删脸书账号让该事件火上浇油,甚至连脸书的最佳伙伴也开始纷纷抛弃这个昔日的华尔街宠儿。据路透社报道称,德国商业银行和 Mozilla 等广告商已经暂停了在脸书上的广告服务。

(2)金钱还是良心

广告商的流失让人们忍不住给脸书送一首《凉凉》,毕竟广告商是脸书绝对的"金主"。去年四季度财报显示,脸书的广告收入已经达到了 127.8 亿美元。人们预测,广告商的流失是脸书"非死不可"的开始,但事实是否真正如此还需谨慎。全球知名市场研究机构 eMarketer 之前的测算显示,脸书和谷歌这两个网络广告寡头承包了北美 50% 以上的数字广告业务,其中谷歌占据 37%,脸书占据 20%。

同时,谷歌与脸书的广告服务差异化极大,谷歌善于从关键词定向,而脸书善于从人群定向。随着互联网广告技术与业务的发展,人群定向几乎成了每个广告平台追求的终极奥义,进行精准的人群定向也自然成了互联网广告平台建立核心竞争力的强有力手段。脸书在收集用户信息的同时也切中了广告商追求的要点,因此无论是从规模还是投资回报率(ROI)上来看,脸书都是广告商的不二之选。

广告商会因为丑闻而弃脸书不选吗?大咖网创始人冯华魁给出了否定回答。冯华魁称,就算是撤资也可能只是一些相关的利益集团或者极个别善于传播价值观的公司。对于大部分的中小企业来说,流量就是生命。生意是生意,良心是良心,这一点在商人那里分得十分清楚。而脸书的丑闻归根结底是一种道德上的过错,对于很多企业来讲,如果脸书每天为它们引流上百万,ROI 又划算,那么它们肯定还会选择继续投放。面对当下的舆论风暴,这些企业无非就是在压力下做一些暂时的调整,或者文案或者投放数量。

(3)大数据悖论

另一方面的压力来自于监管,FTC 的介入让脸书如临大敌。有分析称,脸书的丑闻将会导致监管的出手重击,但从历史来看,对于监管的担心却从不曾影响脸书的用户活跃度,更重要的是,也未曾影响脸书的广告业务。

2016 年 2 月,脸书遭到来自印度通信行业监管者的重击,后者在当地封杀了脸书备受争议的免费互联网服务 Free Basics。但脸书随后称,脸书在印度的月活跃已经达到了 1.4 亿人左右,在此之前,脸书在印度拥有的用户数量是 1.3 亿人。而当时该公司在全球范围内共有 300 万活跃广告主,同比增长 50%,其中东南亚地区增长最为迅速。

冯华魁称,对于脸书而言,它的作用已经超过了一个公司的价值。脸书作为全球最大的社交平台,在政府之中也会有一定的政治力量或是与其关系较好的政治势力对它进行保护,所以双方的较量会达到什么程度还不好预期,监管对它的打击有多大也还难说。虽然舆论一直在呼吁加强监管,但这更像是一种号召,给官方施压促使他们作出更多改变的号召。

此前推特上掀起了“删除脸书”运动的狂潮,但有分析认为,人们是否会因为失去信心而停止使用脸书,目前仍言之过早。分析家认为,像脸书这样的社交平台已融入人们的日常生活,想要放弃它是一种心理上的困难。

冯华魁称,“非死不可”实际上是对脸书的一种调侃,虽然目前各国政界舆论都对它进行打压,但这很可能是一个公司之间的利益谈判。另一方面,脸书的信息泄露在于几年前与别人的合作,并非是脸书本身对用户隐私的利用,况且如今算法已经改变,数据泄露本身带来的负面影响也没有确凿的证据,所以这件事实际上是被夸张放大了,这些都不足以让这个“巨兽”死掉。关于大数据隐私的问题其实业内早已有所讨论,但这从根本上来讲是一个悖论。用户想要得到更多信息，就要把隐私交给平台，这就必然会带来隐患，且是无法避免的。而脸书的泄密之所以会被放大，也在于公众对隐私的敏感，这背后其实是民众对大数据的集体反思。

二、IS 时代之后的叙利亚何去何从

2011 年 3 月，叙利亚南部边境城市德拉爆发反政府示威游行，示威者与警方发生冲突并造成人员伤亡，在叙境内其他地区引发连锁反应。巴沙尔因消极回应反对派改革呼声而错失对话良机，导致对立情绪被充分激化，叙利亚危机由此爆发。

自 2011 年 3 月叙利亚危机爆发后，在地区大国以及以美国为首的西方大国的干预下，叙利亚局势从示威游行到武装冲突，从"叙利亚自由军"出现到"伊斯兰国"异军突起，并最终形成叙政府军、反对派武装、极端组织武装等多方混战、抢占山头的局面。

"伊斯兰国"（"Islamic State"，缩写"IS"），是一个活跃在伊拉克和叙利亚的极端恐怖组织。IS 于 2013 年 4 月成立，前身是伊拉克基地组织，头目为巴格达迪，目标是消除二战结束后现代中东的国家边界，创立一个由 IS 组织运作的政教合一的纯粹的伊斯兰宗教国。

巴黎和布鲁塞尔的爆炸袭击事件、俄罗斯坠机事件、欧洲挥之不去的难民问题，以及中东地区每天都在上演的恐怖袭击，都和这个团伙脱不了干系。IS 军事人员数目现在并不能确定，据估计约 30000 名左右，组织成员利用互联网宣传或渗透国外的清真寺招募成员。IS 的首领和指挥官主要来自于沙特，而战斗人员主要为伊拉克、叙利亚的武装分子，他们还雇用了很多外籍士兵。IS 的主要武器是皮卡与机枪，自制的炮弹、战车等应有尽有，战斗装备十分精良，丝毫不亚于政府军。IS 公布的版图主张地图，西抵北非，东到东南亚，声称在 5 年内达成，其中包括很大一块位于我国新疆的土地。

在占领区，IS 禁止音乐和香烟，要求妇女必须戴面纱，强征妇女为性奴，还实施最严厉的惩罚如砍头等。IS 是目前最富有的恐怖组织，它控制着伊拉克和叙利亚的十几个油田，在黑市出售原油赚取收入，有一些甚至卖回给叙利亚政府。此外，变卖占领区古董、占领银行、缴获住宅和设备变卖，也成为 IS 获取收入的来源。

2017 年 6 月 20 日，美国军方证实，"伊斯兰国"最高宗教领袖阿比里尼已经死于美军在 5 月底发动的一场空袭之中。此前，俄罗斯国防部 6 月 16 日发布消息称，俄空天军 5 月底空袭了叙利亚拉卡南郊的"伊斯兰国"指挥部，"伊斯兰国"最高头目巴格达迪可能在这次空袭中身亡。

伊朗总统鲁哈尼于 2017 年 11 月 21 日宣布，极端组织"伊斯兰国"已经被剿灭。伊拉克总理阿巴迪也表示，伊拉克已在军事上终结了极端组织"伊斯兰国"。IS 时代后，叙

利亚进入战后重建时代。

1.后 IS 时代,反恐也难松口气

2017 年 11 月中旬,叙利亚政府军收复叙东部城市阿布卡迈勒,叙利亚境内打击 IS 的反恐战基本结束,IS 作为一个政治实体基本上被消灭,在伊拉克、叙利亚都不再占领控制重要的市镇,只是在一些边缘的农村地区还有一些零星残余。伊拉克、叙利亚等国先后宣布极端组织"伊斯兰国"被剿灭。国际社会松了一口气。虽说胜利还早,但结果确实来之不易。虽然打击 IS 的反恐战结束了,但实际上在叙利亚还有很多"努斯拉阵线"一类的恐怖组织。俄罗斯军方称,2018 年主要任务是消灭努斯拉阵线。那么后 IS 时代中东地区能否趋于太平?国际反恐形势是否会显现乐观?

2017 年 12 月 9 日,伊拉克政府军宣布完全控制伊叙边境,但实时战况并不令人乐观,政府军仅消灭 60 余名 IS 武装分子。叙利亚的情况也大致如此。IS 被击溃的只是其在中东地区存在的军事、政治实体,其有生力量并未消灭殆尽。即使 IS 丢掉在伊叙两国境内控制的广大城市和农村,其残余力量仍然在中东蛰伏存在,在一定的条件下很可能会卷土重来。在军事上,IS 目前可能采取更为灵活的游击策略,将人员化整为零、由明转暗,恢复 2014 年以前极端组织的生存、发展方式,在叙伊两国广袤的沙漠中留存下来,展开其早已熟悉的持久战、运动战和游击战。

毫无疑问,只要成百上千个 IS 分子还在,IS 颇具号召力的意识形态说教和针对叛逆年轻人的影响力就会不断向全球扩散。中东乃至全球仍面临着恐怖主义的严峻威胁。

随着国际反恐力度的加大,受 IS 组织人员回流等因素影响,恐怖主义将在更大范围内扩散,地区不安全因素不断加剧。

除了传统的恐怖活动热点地区欧洲和北美,IS 集团下一步最有可能进军的方向是非洲。非盟曾发出警告,6000 余名参与 IS 的非籍武装人员将从伊叙战场返回。除此之外,IS 所谓的"行省"还继续活跃在埃及的西奈半岛、北非的利比亚等地。以索马里青年党、博科圣地组织为代表的非洲恐怖组织,早在数年前就已经宣示向 IS 效忠,频频发动恐怖袭击,今后其制造恐怖活动的频度和烈度也可能不断加大。

东南亚是潜在恐怖活动热点地区,该地已有 60 多个激进组织宣布效忠 IS。近年来,印尼、马来西亚和菲律宾极端分子互动频繁。包括阿布沙耶夫、穆特组织在内的十多个菲武装势力已形成松散同盟,他们完全有能力为从中东归来的 IS 极端分子提供庇护,并为其重组、培训和筹划袭击行动创造条件。

伊拉克反恐专家希沙姆·哈希米认为,一个社会在民族、教派和思想等方面越和谐,极端组织便越难找到突破口。只要导致极端组织产生的社会经济根源存在、结构性矛盾存在,滋生极端思想的土壤就必然存在。

回过头看,除了不平等的国际政治经济旧秩序这个恐怖主义产生的基本因素,中东地区激烈的族群和教派冲突也是 IS 崛起的重要原因。三年来,国际社会在打击 IS 问题上相对团结、密切协作,成为战胜 IS 的基本经验。未来,要阻止 IS 死灰复燃和类似极端组织的壮大,也应坚持这一经验。反之,如果世俗和宗教进一步分裂、中东经济发展困境依然存在,IS 和"基地"组织都有可能重新在该地区卷土重来。对此,国际社会一定要有高度共识,保持警惕,以防悲剧重演。

随着 IS 的威胁逐步下降,随之而来的是中东各国间更加激烈的力量角逐:叙利亚内战问题仍未解决,共同剿灭 IS 的库尔德武装和政府军关系发展并不明朗;在巴沙尔政权式微的今天,中东面临着回到逊尼派和什叶派混战状态的危险。也门正在发生代理人战争,沙特与卡塔尔、土耳其等众多逊尼派国家出于对什叶派的敌视,或明或暗地支持和资助叛乱组织,将中东局势搅成一团烂泥。

但恐怖组织和伊沙争雄并不是主因,真正主导中东格局的是美俄两国的利益争夺。美国原本希望借反恐之机除掉叙利亚和伊朗这两个眼中钉,孰料伊朗高调军事介入伊叙两国反恐战争,反而借机打造出一个什叶派"反恐三角",使形势朝着有利于自己的方向发展。眼见俄罗斯与叙利亚、伊朗、土耳其等国打得火热,美国又去蹚巴以矛盾这潭浑水,承认耶路撒冷为以色列首都,让全世界人民瞠目结舌。

事实表明,要避免"伊斯兰国"死灰复燃和类似极端组织再次出现,除了要实现不同教派、不同民族间的和解,标本兼治,从根本上清除极端组织生存的土壤,还需要大国肩负起与自身相匹配的责任来。显然,这并不是件容易的事,国际反恐之路依然任重道远。

2.后 IS 时代的叙利亚战后重建

2017 年 12 月 14 日,新一轮叙利亚问题日内瓦和谈提前一天结束。联合国秘书长叙利亚问题特使德米斯图拉表示,尽管过去两周联合国方面作出巨大努力,但和谈并未取得预期结果。日内瓦和谈的核心议题是巴沙尔政权的去留问题。虽然叙利亚反对派不再以巴沙尔下台作为和谈的先决条件,但仍然坚持在和谈条款中必须解决巴沙尔政府的去留问题。而和谈的重点,包括重新选举与修订宪法等则继续被弃置一边。此外,与会反对派虽然形式上首次组成了统一的"叙利亚谈判委员会",但其内部分歧依旧。其中受到沙特支持、态度强硬的利雅得派在 36 人的代表团中占据 28 席,他们的"倒巴"立场令叙政府代表团推迟参会,甚至一度返回大马士革。

围绕核心问题,双方可能还会僵持一段时间。叙利亚战争打到现在,巴沙尔政权已经稳固并占据着优势和主动,反对派想在谈判中得到在战场上得不到的东西,不大可能。但他们也不会轻易放弃。

由俄罗斯、土耳其和伊朗三国召集的为期两天的第八轮叙利亚问题阿斯塔纳和谈于 12 月 22 日晚在哈萨克斯坦首都阿斯塔纳落幕。和谈全体会议上,哈萨克斯坦外交部部长阿布德拉赫曼诺夫宣读了叙利亚停火机制担保国俄罗斯、土耳其、伊朗发表的联合声明。

那么,叙利亚政府和反对派的和谈为何有日内瓦和阿斯塔纳两个机制?

阿斯塔纳进程是俄罗斯、土耳其和伊朗三国搞的一个和谈机制,侧重点在军事方面,为的是解决政府军和反对派的冲突和停火问题。阿斯塔纳和谈于 2017 年 1 月首次开启,俄土伊三国是阿斯塔纳和谈召集方。从 2017 年年初以来,该机制发挥了很大作用。同年 9 月份达成了设置四个"冲突降级区"的协议,以确保停火协议得到执行并维护叙利亚的领土完整。

而日内瓦和谈是联合国主导的政治机制,参与的利益方更广泛。最初阿斯塔纳和谈机制建立起来时,国际社会也普遍担心它会不会另起炉灶取代日内瓦机制。俄罗斯后来出面公开表示不会。仅靠俄罗斯、土耳其和伊朗的主导,没有美国、欧盟和叙利亚反对派背后的支持者沙特的参与,想在政治上解决叙利亚的战后重建问题是不可能的。

叙利亚战争能否最终政治解决,当然还取决于其他各方尤其是叙利亚政府的立场,但美俄之间能否一致是成败关键。从目前形势判断,拉近美俄立场的可能性很小。

在双方都表示要政治解决的基础上,俄罗斯提出的路线图很清晰:在冲突降级的基础上召开全国协商大会,在协商的基础上着手修改宪法,在新宪法基础上举行大选、决定叙利亚新领导人——大选将由国际社会组团监督。美国在操作层面未提任何建议,只是不止一次地亮出其底线:在可预见的将来不会从叙利亚撤军,为的是防止"伊斯兰国"卷土重来。

这一理由当然不成立。且不论"伊斯兰国"确已被击溃,卷土重来并非易事;即便有风吹草动,美国如有心对极端势力再施打击,叙利亚边界又如何挡得住他们?美国不请自来、既来久驻的真正目的早已大白于天下:政权更迭虽已成泡影,但要维持叙利亚分裂、借此削弱俄罗斯对叙局势的掌控力。要做到这点,美国还是游刃有余的。

美国、俄罗斯、土耳其和伊朗等国从中东局势和自身利益出发,是要维持叙利亚领土完整的,包括联合国也是支持叙利亚统一的,但叙利亚要完成实质意义上的政权统一注定很艰难,现在的割据状态恐怕会持续很长时间,且未来的不确定性很大。现在就看未来叙利亚的战后局势由谁来主导。若是美国主导,叙利亚很大可能会变成今天的伊拉克和黎巴嫩,实现教派和各族群、利益团体的分治,当然还有政治和安全上的持续动荡。

三、世界再度开启"博鳌时间"

博鳌亚洲论坛(以下简称"论坛")是一个非政府、非营利性、定期、定址的国际组织,以平等、互惠、合作和共赢为主旨。论坛由菲律宾前总统拉莫斯、澳大利亚前总理霍克及日本前首相细川护熙于 1998 年倡议,并于 2001 年 2 月 27 日正式宣告成立。中国海南博鳌为论坛总部的永久地所在,从 2002 年开始,论坛每年定期在博鳌召开年会。

论坛得到亚洲各国普遍支持,赢得世界广泛关注。论坛目前已成为亚洲以及其他大洲有关国家政府、工商界和学术界领袖就亚洲以及全球重要事务进行对话的高层次平台。论坛致力于通过区域经济的进一步整合,推进亚洲国家实现共同发展,建设一个更加繁荣、稳定、和谐相处且与世界其他地区和平共处的新亚洲。

论坛的宗旨是立足亚洲,推动亚洲各国间的经济交流、协调与合作;同时又面向世界,增强亚洲与世界其他地区的对话与经济联系。论坛为政府、企业及专家学者等提供一个共商经济、社会、环境及其他相关问题的高层对话平台,通过论坛与政界、商界及学术界建立的工作网络为会员与会员之间、会员与非会员之间日益扩大的经济合作提供服务。

1.博鳌亚洲论坛的历史

20 世纪 50 年代以来,亚洲各国通过自身努力,在经济与社会发展方面取得了显著成就,在国际和地区事务中的影响力日益上升。特别是近二三十年来,亚洲经济总体发展迅速,东亚经济实现了腾飞,创造了令世人瞩目的"东亚奇迹",并成为最具经济发展活力的地区之一。虽然在 20 世纪末遭受金融危机的重创,但经过自我调整与改革,亚洲经济已迅速复苏。

亚洲大多数国家实行开放政策,彼此间的贸易和投资联系日益密切,双边、区域、次区域以及跨区域的合作逐步展开;各国间工商、金融、科技、交通、文化等领域的合作与交流不断增加;东亚地区合作(10＋3)已进入实质性阶段;东盟内部经济一体化、澜沧江—湄公河流域合作、图们江流域合作等次区域合作正在进行;亚太经济组织、亚欧会议、东亚—拉美论坛等跨区域合作也在向前推进。可以预言,亚洲经济发展与合作的前景十分广阔。

进入 21 世纪,在经济全球化和区域化不断发展,欧洲经济一体化进程日趋加快、北美自由贸易区进一步发展的新形势下,亚洲各国正面临巨大的机遇,也面临许多严峻挑战。这要求亚洲国家加强与世界其他地区的合作,同时也要求亚洲国家增进彼此之间的交流与合作。如何应对全球化对本地区国家带来的挑战,保持本地区经济的健康发展,加强相互间的协调与合作已成为亚洲各国面临的共同课题。

亚洲国家和地区虽然已经参与了亚太经合组织、太平洋经济合作理事会等跨区域国际会议组织,但就整个亚洲而言,仍缺乏一个真正由亚洲人主导,从亚洲的利益和观点出发,专门讨论亚洲事务,旨在增进亚洲各国之间、亚洲各国与世界其他地区之间交流与合作的论坛组织。有鉴于此,1998 年 9 月,菲律宾前总统拉莫斯、日本前首相细川护熙和澳大利亚前总理霍克倡议成立一个类似达沃斯"世界经济论坛"的"亚洲论坛"。

亚洲论坛的概念一经推出即获得了有关各国的一致认同。1999 年 10 月 8 日,时任中华人民共和国副主席胡锦涛在北京会见了专程为"亚洲论坛"来华的拉莫斯和霍克。胡锦涛在认真听取两位政要有关"亚洲论坛"构想的介绍后,表示中国政府一贯重视和支持多层次、多渠道、多形式的地区合作与对话,认为论坛的成立有利于本地区国家间增进了解、扩大信任和加强合作。中方将对"亚洲论坛"的设想进行认真研究和积极考虑,并尽力提供支持和合作。同时,胡锦涛强调,中国也希望进一步了解其他国家的反应,因为论坛的建立必须得到有关国家政府的重视、理解和支持。此后,亚洲有关国家的政府均对成立"亚洲论坛"作出了积极反应。

2001 年 2 月 26 日至 27 日,来自中华人民共和国、大韩民国、日本国、蒙古国、缅甸联邦(现称"缅甸联邦共和国")、泰王国、老挝人民民主共和国、越南社会主义共和国、柬埔寨王国、印度尼西亚共和国、马来西亚、菲律宾共和国、新加坡共和国、文莱达鲁萨兰国、印度共和国、巴基斯坦伊斯兰共和国、孟加拉人民共和国、斯里兰卡民主社会主义共和国、尼泊尔王国(现称"尼泊尔联邦民主共和国")、伊朗伊斯兰共和国、哈萨克斯坦共和国、吉尔吉斯共和国、塔吉克斯坦共和国、乌兹别克斯坦共和国、土库曼斯坦和澳大利亚等 26 个国家的代表在中国海南博鳌召开大会,正式宣布成立博鳌亚洲论坛,并通过《博鳌亚洲论坛宣言》《博鳌亚洲论坛章程指导原则》。时任中国国家主席江泽民出席成立大会,向世界庄严承诺:作为东道国,中国政府将继续为论坛的健康发展提供支持。

经论坛理事会和会员大会批准,2006 年 4 月 20 日,以色列和新西兰被追加为博鳌亚洲论坛的发起国。2016 年 3 月 23 日,马尔代夫被追加为博鳌亚洲论坛的发起国。至此,博鳌亚洲论坛发起国增至 29 个。

论坛总部选择在中国海南博鳌。这是亚洲地区的一些前领导人向中国领导人提出的建议。他们认为,海南作为中国最大的经济特区,是中国深化与国际社会联系的实验区;海南省以建设生态省为目标,说明它当前和未来的发展重点是生态产业,这是亚洲和国际社会所看重的领域,符合世界经济发展潮流;海南博鳌是一个专门为论坛设计的集生态、休闲、旅游、智能和会展服务为一体的综合功能区,有着十分宜人的自然地理环境。1999 年 10 月,胡锦涛在会见论坛发起人时表示,将为论坛的创建提供支持与合作。海南省政府已经为论坛的创建提供了多方面的实际支持,并承诺继续为论坛的创建和运作提供高效、优质的服务。

2.第十七届博鳌亚洲论坛

2018 年 4 月 8 日至 11 日,中国海南,一年一度的"博鳌时间"隆重登场。

博鳌亚洲论坛 2018 年年会,以"开放创新的亚洲,繁荣发展的世界"为主题,包括"全球化与'一带一路'""开放的亚洲""创新""改革再出发"4 大板块,共计安排 60 多场正式讨论,吸引了来自各国的 2000 多位各界嘉宾汇聚一堂。近年来保持了较高发展速度的亚洲,期待推动更加开放包容普惠平衡共赢的全球化,在更大范围更高水平上实现亚洲的区域合作,进而为推动人类命运共同体建设、共创人类美好未来的责任贡献更多的担当与作为。

"全球化与'一带一路'"板块。将延续 2017 年年会相关领域的话题,并在此基础上,进一步探讨解决方案,下设"全球化的下半场""海外投资""21 世纪海上丝绸之路岛屿经济"等分议题。

"开放的亚洲"板块。旨在推动亚洲更大范围、更高水平的区域合作,促进亚洲开放和联动发展,下设"亚洲经济一体化的加速器""亚洲区域合作组织圆桌会""新兴经济体"等多边话题,并设有若干双边议题。

"创新"板块。创新驱动发展,是亚洲和新兴经济体实现跨越式发展、"弯道超车"发达国家的重要途径,下设"未来的交通""未来的生产""未来的通信""区块链""新零售"等分议题。

"改革再出发"板块。2018 年恰逢东道国中国改革开放 40 周年,又是十九大召开、吹响改革再出发号角的第一年,论坛年会将举办两场"改革开放 40 周年"专题分会。此外还设有"资本市场改革""货币政策的正常化""减税""乡村振兴""城市群"等分议题。

今年的博鳌亚洲论坛年会上,还有一个关键词与台湾密切相关,那就是"岛屿经济"。作为一个浅碟形的小型岛屿经济体,台湾需要更多更有效的全球化运作,即整合、善用岛内外两种资源、两个市场。台湾之前能够取得"亚洲四小龙"之首的荣耀,原因就在于其这方面做得卓有成效,而近 20 年来经济大幅减速的原因,同样是因为没能有效地进行全球化运作;另一个重要原因则是大陆已成为世界经济增长中心及经济全球化的中心,台湾若不能处理好两岸关系,当然也就无法对外拓展国际经济空间。台湾若再继续这样一步步在全球化经济中边缘化下去,可想而知未来的经济前景,难以乐观。

亚洲是世界的亚洲。台湾是中国的台湾。亚洲要开创亚洲新未来,必须在世界前进的步伐中前进、在世界发展的潮流中发展。台湾要重新获得发展的动力源,则必须要有一个正确的两岸政策,必须处理好与大陆的关系,才能有效改善台湾的发展环境,才能进行有效的全球化运作。这一点,台湾的民进党当局不是不明白,不是"不能为",而是"不愿为",在全亚洲全世界都在为了自己百姓的民生经济议题绞尽脑汁时,只有台湾的执政者还在期待靠着意识形态欺骗人民、麻痹自己，真是令人叹为观止。

博鳌论坛告诉我们：世界和平发展、合作共赢，永远没有终点；机遇与挑战并存，交流与合作永续。今年是中国改革开放 40 周年，也是贯彻落实十九大精神的开局之年。我们身肩实现中华民族伟大复兴的使命，身担负责任大国的博大胸怀与世界担当。"博鳌智慧"在 2018 年的"博鳌时间"里大放异彩，将再度为世界贡献我们的"博鳌力量"。

3. 博鳌亚洲论坛中的中国

如果要问，本届年会最受瞩目的是什么，答案无疑是国家主席习近平应邀出席年会开幕式并发表重要主旨演讲。比如，多位政要在会前就表示，他们非常期待习近平主席即将发表的重要主旨演讲，认为这将再次为充满不确定性的全球发展提供中国智慧。巴基斯坦总理阿巴西就说："我认为全球都很期待习近平主席将在今年博鳌亚洲论坛上发表的重要演讲，也很关注未来中国将在世界经济贸易体系中扮演的角色。特别是在今年中国两会之后，中国政治体系经历重要发展，也让今年的博鳌年会尤为重要。"何以如此关注？一方面，本届年会是习近平 8 年来的第 4 次博鳌之行，也是今年以来，习近平参加的首个重大主场外交活动；另一方面，从和平发展，到迈向命运共同体，中国的作用越来越凸显，为亚洲发展贡献"中国智慧"，给世界发展注入"中国信心"。

一直以来，中国智慧影响世界。博鳌亚洲论坛成立 17 年来，规模和影响不断扩大，为凝聚各方共识、深化区域合作、促进共同发展、解决亚洲和全球问题发挥了独特作用，论坛已经成为联接中国和世界的重要桥梁，成为兼具亚洲特色和全球影响的国际交流平台。而中国的重要作用，自然不可或缺。绿色发展、可持续发展、调整经济结构、提高经济发展质量和效益、合作共赢、共同发展……作为负责任的世界大国，一直以来中国既立足亚洲现实又放眼世界大势，不断为全球发展提出中国倡议、贡献中国智慧。特别是近 5 年来，构建亚洲命运共同体、"一带一路"倡议等一系列影响重大的中国方案蜚声博鳌，造福亚洲，并深刻影响着当今世界。

一直以来，中国智慧推动世界。在世界各国越来越成为你中有我、我中有你的背景下，在全球经济增长依然脆弱、不确定性愈益复杂的形势下，亚洲和世界比以往任何时候都更加需要开放、联动，而非孤立封闭；需要包容、平衡，而非贫富分化。特别是在当前世界经济走向充满诸多不确定性、全球贸易保护主义抬头的大背景下，更加需要充分发挥博鳌亚洲论坛平台作用，使亚洲乃至世界各国进一步提升共同体意识，为创造一个繁荣发展的亚洲和世界贡献智慧和力量。在这一重要时刻，中国作为经济全球化的坚定支持者、推动者和建设者，在新的历史当口推动对外开放再扩大、深化改革再出发作出最权威的阐释。世界的目光将透过博鳌，洞察新时代的中国，把脉亚洲和全球发展的未来。

一直以来，中国智慧造福世界。亚洲要迈向命运共同体、开创亚洲新未来，必须在世界前进的步伐中前进、在世界发展的潮流中发展。尤曾记得 2013 年 4 月,在就任国家元首之初,习近平在博鳌亚洲论坛年会上发表演讲时就提到了"命运共同体";时隔两年,在以这一关键词为主题的 2015 年年会上,习近平主席对"命运共同体"作出了更系统的阐述。放眼全球,构建人类命运共同体这一理念因为顺应时代潮流,契合各国发展所需,引起世界共鸣响应,愈发深入人心,已经被写入联合国决议、安理会决议、联合国人权理事会决议,充分显示出强大的国际影响力、感召力、塑造力。而今,新时代的中国更着力推动构建新型国际关系、打造亚洲和人类命运共同体,充分彰显世界担当。

海阔春潮涌,风劲好扬帆。"亚洲和世界和平发展、合作共赢的事业没有终点,只有一个接一个的新起点。"5 年前,习近平主席在博鳌亚洲论坛开幕式上如是说。"中国人民将继续与世界同行,为人类作出更大贡献……"5 年后,站在新的起点上,习近平主席在博鳌亚洲论坛再次发表主旨演讲,把握时代潮流和世界大势,直面人类社会发展面临的现实难题,就进一步推动构建亚洲和人类命运共同体,开创亚洲和世界美好未来鲜明地发出中国声音、阐明中国的立场。可以想见,中国智慧必将凝聚各方共识,奏响中国、亚洲和世界的命运交响曲,谱写命运共同体的时代华章,共同谱写开放创新、繁荣发展的美好未米。

● 思考题 ··

1. 就脸书泄密事件谈谈如何保护互联网用户个人信息。

2. 请你谈谈目前的叙利亚形势,并讲讲对你的启迪。

3. 博鳌亚洲论坛的宗旨是什么?